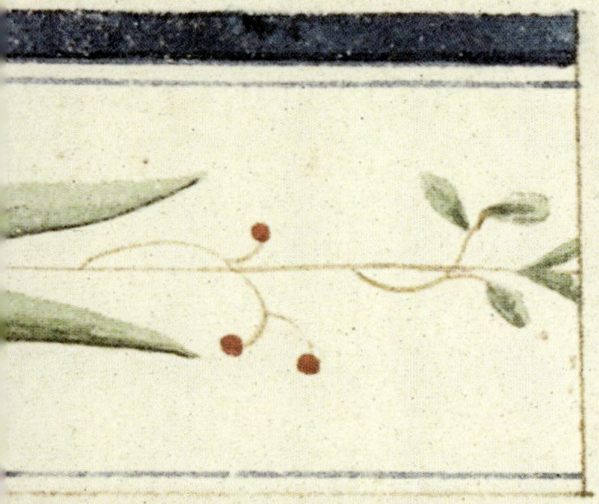

76

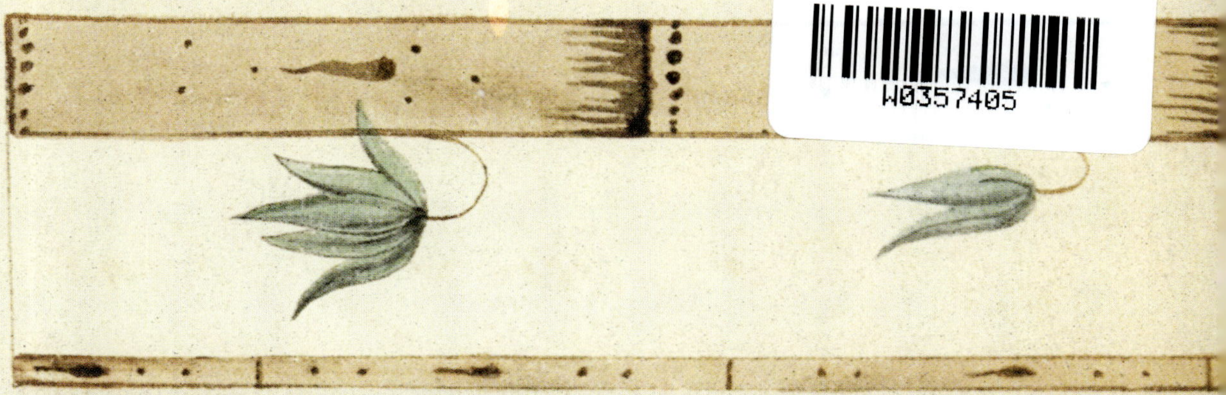

78

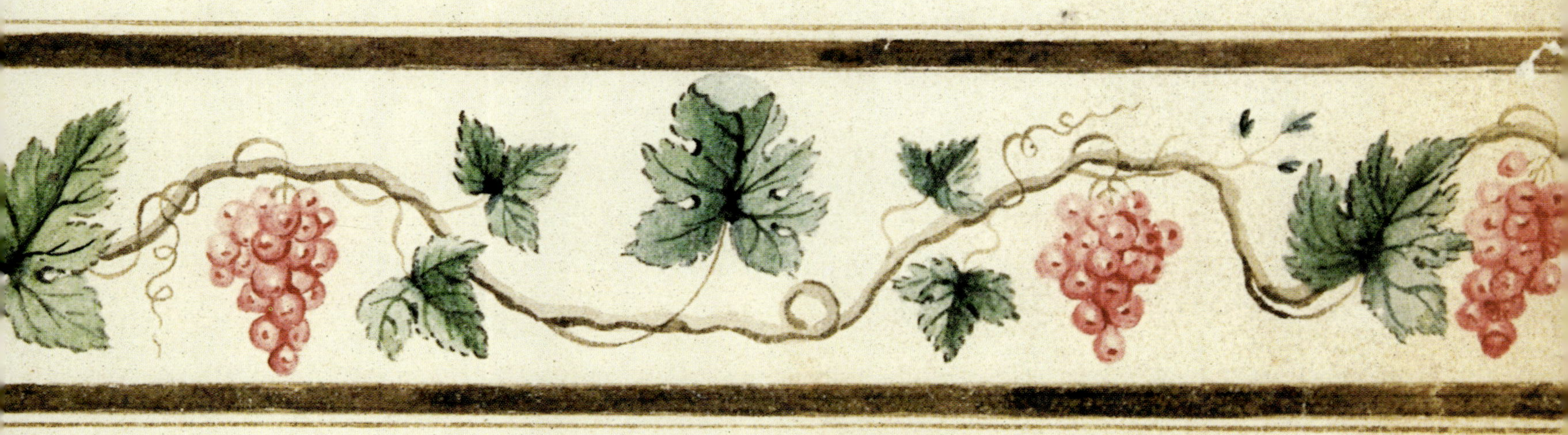

80

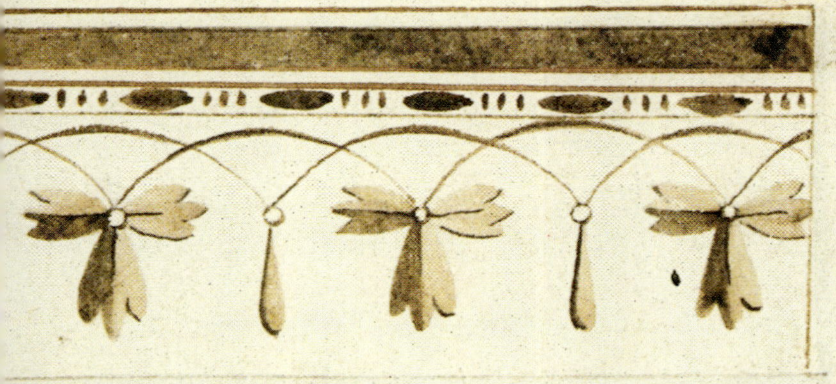

81

84

WEDGWOOD
Klassizistische Keramik in den Gärten der Aufklärung

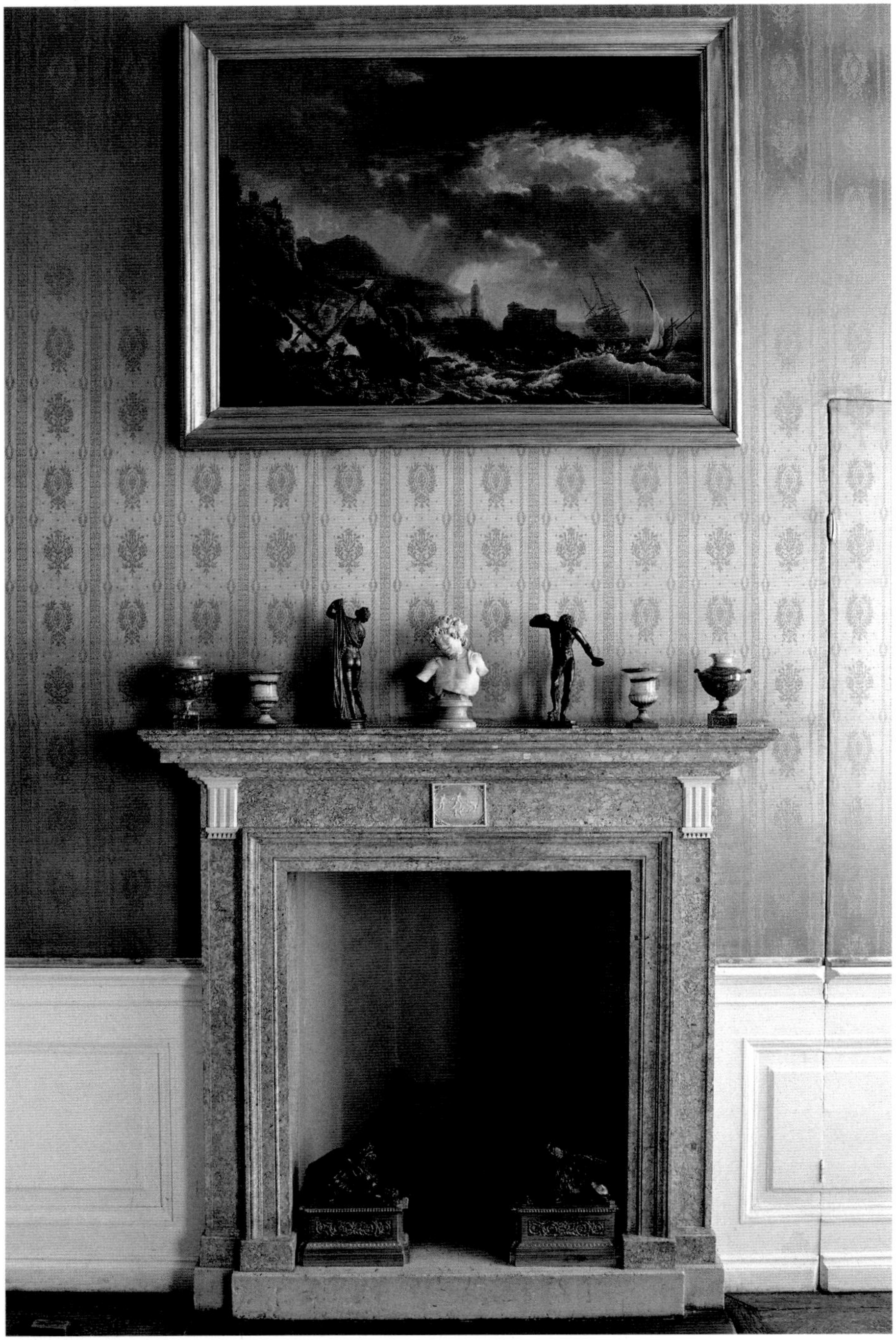

WEDGWOOD

Klassizistische Keramik in den Gärten der Aufklärung

Uwe Quilitzsch

L&H VERLAG

Inhaltsverzeichnis

Geleitwort

„Das muß man den Engländern lassen, daß sie von lange her das Gute zu schätzen wußten, und daß sie eine grandiose Art haben, es zu verbreiten."

Johann Wolfgang von Goethe

Edle Einfalt, stille Größe: Englisches Lebensgefühl prägt die Anlagen und das Schloß Wörlitz bei Dessau. Dementsprechend ist auch der Sinnspruch zu interpretieren, den der Bauherr Fürst Leopold III. Friedrich Franz von Anhalt-Dessau unter dem Porticus seines 1774 nach englischem Vorbild fertiggestellten Landhauses anbringen ließ: „Liebe und Freundschaft haben es gebauet: Ruhe und Zufriedenheit moegen es bewohnen: dann werden haeusliche Freuden nicht fehlen."

Die harmonische Einbindung dieser einzigartigen klassizistischen Architektur in die weitläufige Auenlandschaft entlang der Elbe entspricht in der Tat hervorragend dem avantgardistischen Geschmack seines gebildeten Hausherrn und dokumentiert auf besondere Art seine lebenslang andauernde Sehnsucht nach dem fernen England. Er pflegte diese Insel sein zweites Heimatland zu nennen. 1763, noch im Jahr des Hubertusburger Friedens, reiste er zum ersten Mal auf die britischen Inseln, die er in der Folge noch dreimal, zuletzt im Jahr 1785, besuchen sollte.

Gemäß seiner von dort geprägten eher idyllisch-bürgerlichen als friderizianisch-absolutistischen Einstellung sollten auch die Räume seiner neuen Sommerresidenz in Wörlitz ausgestattet werden. Dabei ging er mit einer bemerkenswerten Kennerschaft vor und wählte zusammen mit seinem Freund und Architekten Friedrich Wilhelm von Erdmannsdorff annähernd alles persönlich aus. Weniger Repräsentationswille als seine Absicht, geschmacksbildend zu wirken, und vor allem sein Anspruch, wesensgleich mit dem Typus des gebildeten englischen Sammlers und Dilettanten im Sinne des 18. Jahrhunderts zu gelten, kommen darin gut zum Ausdruck.

Der in dieser Zeit zwischen 1750 – 1790 wachsende Einfluß der englischen Kunst auf dem Kontinent äußerte sich auch in dem Wunsch, mit Wedgwood-Keramik dekorative Akzente bei der Einrichtung klassizistischer Räume zu setzen. Man bewunderte damals überall in Europa die „edle Simplicität" der antikisierenden Produkte dieser Firma, und so sind seit 1772 auch für den fürstlichen Hof in Dessau Ankäufe bei der Manufaktur des genialischen Josiah Wedgwood in Etruria in der mittelenglischen Grafschaft Staffordshire belegt. Bereits im Jahr 1780 hält ein unbekannter Autor in seinen „Anmerkungen über das Dessauische Schloß Wörlitz" fest: „Außer den wahren antiquen sieht man eine ziemliche Menge von den Englischen basalt composition sowohl Gefäße al antique als Statuen und Reliefs in einem und dem anderen Zimmer zum Aufputze stehen, die sehr fein gearbeitet seyn, und wegen ihrer eigenen Farbe schon ein antiques Ansehen machen."

Mit dem Ziel, ein geselliges Leben von exemplarischer Geistigkeit zu führen, lud man sich in der warmen Jahreszeit zahlreiche Gäste nach Wörlitz ein und ließ sich mit Geschirr von der Manufaktur dieses Töpfers und Kaufmanns bedienen.

„Das schöne Frühlingswetter erlaubte uns recht oft die Spaziergänge zu besuchen, des Morgens frühstückten wir beisammen, die Fürstin schenkte uns Thee ein, und des Mittags und Abends kamen keine Bedienten ins Zimmer, außer Teller wegzunehmen und neue Schüsseln aufzutragen.", notiert der weitgereiste Natur- und Völkerkundler Johann Georg Forster in seinem Tagebuch über den Lebensstil seiner Gastgeber.

Wenn der Fürst, wie er es wohl täglich mit Vorliebe zu tun pflegte, „eine Tasse nicht zu starken Kaffee trank, mit fetter, dicker Sahne und vielem Zucker, worin Er auch noch Zwieback oder sonst leichten Kuchen tunkte", dann geschah dies vermutlich auch mit einem Service aus der Herstellung der Manufaktur von Josiah Wedgwood.

Neben seiner Begeisterung für Keramik dieser Provenienz mit höchster künstlerischer Qualität und ästhetischer Ausstrahlung stand aber auch vor allem sein Bestreben, in Anlehnung an die modernen englischen Produktions-und Vertriebsmethoden, adäquate Beschäftigungsmöglichkeiten für die Bewohner seines Duodezfürstentums zu schaffen.

Vor dem Hintergrund der katastrophalen Auswirkungen des Siebenjährigen Krieges sollte mittels geeigneter Reformen möglichst schnell ein wirtschaftlicher Aufschwung für den „aufgeklärten Gartenstaat" erreicht werden.

Im Rahmen dieser Entwicklung wirkten die neuen Ideen des englischen Kaufmanns Josiah Wedgwood nachahmenswert und waren auslösender Faktor für eine gezielte Gewerbeförderung in Anhalt-Dessau mit der Absicht, heimisches Kunsthandwerk auf dem Kontinent konkurrenz- und exportfähig zu machen.

„Was hat nicht die Industrie eines einzigen Boulton, eines Wedgwood und Bentley für Summen aus allen Ländern von Europa nach England gezogen", stellt Friedrich Wilhelm von Erdmannsdorff in seinen „Gedanken für eine allgemeinvorbereitende Unterrichtsanstalt zu mechanischen Gewerben und zu bildender Kunst in Dessau" anerkennend fest. Gleichzeitig regt er ganz konkrete Schritte für die dringend notwendigen Reformen im Fürstentum an: „Auch um Handwerkern einen glücklichen Fortgang zu verschaffen, ist es nicht hinreichend, die gesamte Zunft der Arbeiter in dem alltäglichen Gange zu erhalten zu suchen, wo sich nicht unter diesen selbst welche hervorthun, die mit mehr Sicherheit und Genauigkeit in ihrem Werke verfahren, sich neue Vorteile aussinnen, vielleicht geschicktere Werkzeuge zurichten, auch wohl ihr Gewerbe mit ganz neuen Erfindungen über das, was es bisher geleistet hatte, zu erheben wissen und einen Wetteifer unter ihren Mitarbeitern erregen, ohne welchen jede Art von Geschäft in Vernachlässigung eingeschläfert wird und nach und nach herabsinken muß." Bis heute haben diese Überlegungen Erdmannsdorffs nichts von ihrer Aktualität eingebüßt.

Für den Fürsten Franz von Anhalt-Dessau waren die keramischen Kunstwerke aus der Manufaktur von Josiah Wedgwood somit in ästhetischer und produktionstechnischer Hinsicht ein Spiegelbild seiner Weltanschauung und ein deutliches Zeugnis für seine immerwährende Anglophilie.

Thomas Weiss
Kulturstiftung Dessau-Wörlitz

„Vase maker general to the universe“

◆

Der Name Wedgwood ist heute auf der ganzen Welt ein Begriff für beste englische Keramikprodukte. Ihr Namensgeber Josiah Wedgwood wurde 1730 in Burslem in der mittelenglischen Grafschaft Staffordshire als Kind einer unbedeutenden Töpferfamilie geboren. „Lehm fließt in ihren Adern“ sagte man von den Bewohnern dieser Gegend, die in England unter dem Begriff „The Potteries“ bekannt ist.

Gemäß der Familientradition begann Josiah eine Töpferlehre, verließ danach als jüngster Sohn die elterliche Werkstatt und wurde bald darauf Partner des erfolgreichen Tonwarenherstellers Thomas Whieldon. Für den jungen Wedgwood war diese Zusammenarbeit von unschätzbarem Wert. Er konnte auf den wichtigen Erfahrungen des älteren Kompagnons aufbauen. Gleichzeitig gestattete der denkwürdige Partnerschaftsvertrag beiden Seiten vollkommene Bewegungsfreiheit im experimentellen Bereich. Wedgwood war bereits in dieser Phase ein Qualitätsfanatiker, der die traditionellen Produkte seiner Region erstmals seit Jahrhunderten in Frage stellte und selbst hartnäckig an deren Verbesserung arbeitete. Niemand vor ihm wagte, die Enge der Traditionen zu durchbrechen und eigene Wege zu beschreiten, und kein Zweiter kam auf den Gedanken, mit Tonmischungen und Glasuren zu experimentieren, Brenntechnologien zu verfeinern und über die Erkenntnisse akribisch Buch zu führen. So entstandene „Ofenbücher“ verfaßte der vorsichtige Teilhaber lieber selbst – in Geheimschrift.

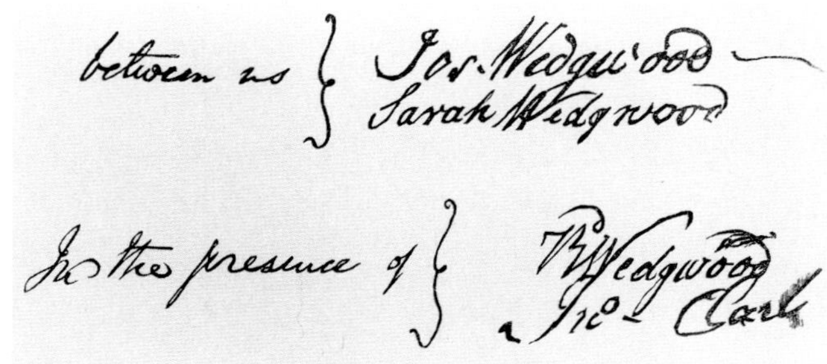

Der Eintrag von Josiah und Sarah Wedgwood im Heiratsregister von Astbury Church / Chester unter dem 25. Januar 1764.
Aus: Eliza Meteyard, The Life of Josiah Wedgwood, London 1865.

Zu ähnlichen Schritten hätten die Töpfer der „Potteries“ allen Grund gehabt, denn der Absatz ihrer Erzeugnisse war schlecht. Da sie aber ausschließlich für den immer gleichen regionalen Markt produzierten, kannten sie keine Herausforderungen.

Josiah Wedgwood traf 1759 eine konsequente persönliche Entscheidung. Er gründete in Burslem seine erste eigene Fabrik, die „Ivy House Works“. Denkbar schlecht waren die finanziellen Voraussetzungen, denn an Barvermögen stand ihm nichts und lediglich £ 25 als Erbschaft in Aussicht. Das zwang den jungen Unternehmer zu einer sehr überlegten, sogar vorsichtigen Firmenorganisation. Seine hochgesteckten Ziele beeinträchtigten diese Startschwierigkeiten nicht.

Wedgwood organisierte seinen eigenen Betrieb von Beginn an sehr streng. Er stellte zunächst 15 Arbeiter ein und reglementierte deren Arbeit und die Qualität der Erzeugnisse wie noch kein Töpfer vor ihm. Er hatte genaueste Vorstellungen von seiner Zukunft und seiner Karriere. Im Vordergrund sollten die Wünsche der Kunden stehen. Doch der innovative Keramikproduzent strebte eine noch gar nicht vorhandene Kundschaft an. Im Jahre 1759 waren daher sämtliche Überlegungen gewagte Spekulationen. Wedgwood hatte eigenständig eine bis dahin noch nie formulierte Aufgabe erkannt: Er mußte zunächst seinen Markt, seine in Aussicht genommene Kundschaft künstlich erzeugen.

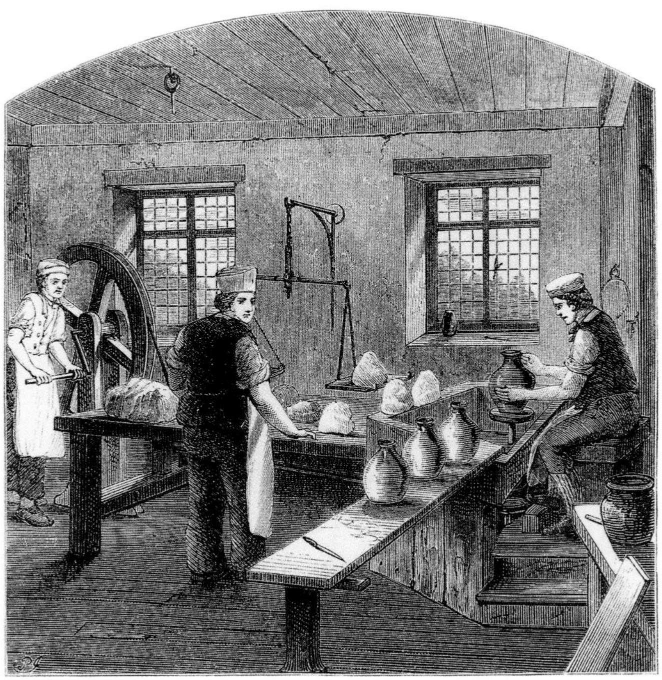

Blick in eine Werkstatt für Zierkeramik in Burslem/Etruria. Aus: Eliza Meteyard, The Life of Josiah Wedgwood, London 1865.

Entgegen aller Traditionen der Töpfer seiner Region visierte Wedgwood nicht die breite Masse an. Vermögende Kunden aus Kreisen der Aristokratie sollten es sein. Sie allein unterlagen den Zwängen der Mode, mußten auf alle Trendwendungen eingehen und verfügten über das dafür erforderliche finanzielle Potential.

Die wichtigsten Entscheidungen betrafen die Produkte selbst. In der Fabrik sollten Gebrauchsgut (useful ware) und Ziergegenstände (ornamented ware) hergestellt werden. Dieser Unterschied bestand während der ganzen Zeit, in der Josiah die Manufaktur leitete. Der Unternehmer stellte aus Kostengründen zunächst seinen Cousin Thomas als Gesellen ein. Da er die Herstellung der Gebrauchsgüter leitete, trug er den Spitznamen „Useful-Thomas".

Es erstaunt immer wieder, wie hochgesteckt die formulierten Ziele waren und mit welcher Sicherheit Wedgwood den Weg zum Erfolg wählte. Er nahm sich fest vor, binnen weniger Jahre zu den Spitzenproduzenten zu gehören, und erreichte dieses Ziel auf dreierlei Weise. Erstens verbesserte er das feine, bleiglasierte, cremefarbige Steingut und konkurrierte damit sehr erfolgreich mit dem Porzellan des europäischen Kontinents. Zweitens wurden, von der herrschenden Mode inspiriert, die eleganten Formen des Porzellans und Silbers auf Steingut übertragen. Drittens schließlich machte er neue Keramikarten und Dekorelemente marktfähig.

Als Josiah Wedgwood 1795 starb, hinterließ er die größte englische Tonwarenfabrik, beste Geschäftsbeziehungen in ganz Europa und Übersee - und £ 500.000 Vermögen.

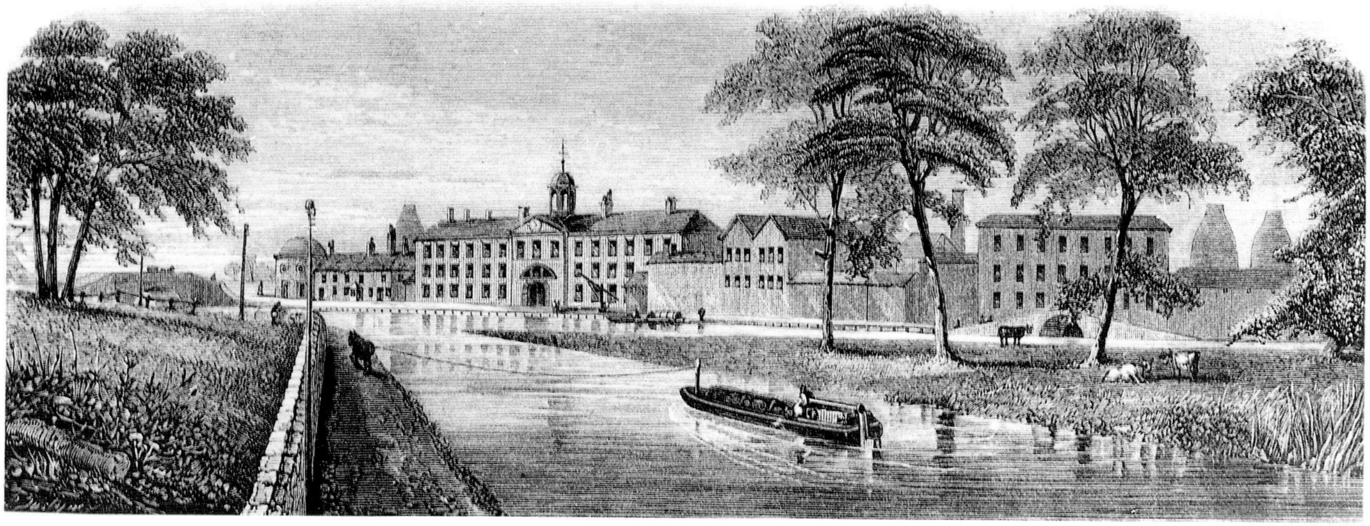

Blick auf die Fabrik von Etruria, im Vordergrund der Trent & Mersey Kanal, für dessen Anlage sich Josiah Wedgwood stark engagierte. Aus: Eliza Meteyard, The Life of Josiah Wedgwood, London 1865.

„...mehr Raum für meine Ladies..."

Frauen bestimmten in einem besonderen Maße Josiah Wedgwoods Karriere. Ihr Einfluß verlieh dem experimentierfreudigen Autodidakten Sicherheit für Stil und unternehmerischen Erfolg.

Innige Zuneigung empfand der Töpfer zu seiner Cousine Sarah. Die religiöse Überzeugung gebot, daß Josiah erst eine Ehe eingehen durfte, wenn er der Braut auch ausreichende finanzielle Sicherheiten bieten konnte. Für Josiah stellte sich nach harten Arbeitsjahren die ersehnte finanzielle Unabhängigkeit ein. 1764 konnte er seine geliebte Sarah (Sally) Wedgwood heiraten. Persönliches familiäres Glück bedeutete Wedgwood sehr viel. Er war stolz auf seine gebildete Ehefrau und liebte seine Kinder. Davon kündet das Selbstbewußtsein ausstrahlende Familienporträt von 1780. Acht Kinder wurden dem Paar geboren. Seine älteste Tochter Susannah heiratete Robert Darwin und war die Mutter des berühmten Biologen Charles Darwin. Über Sarah äußerte sich Josiah einmal: „...Ich sprach über Erfahrungen des weiblichen Geschmacks, ohne sie wäre ich ein armer Mann inmitten meiner Töpfe, und keiner von denen ist ohne die Genehmigung meiner Sally beendet worden..."

Wedgwood tat recht daran und konnte sich auf die erfolgversprechende Urteilskraft seiner Gattin verlassen.

Der erste bedeutende Auftrag für das Wedgwood-Unternehmen wurde von einer Frau ausgelöst. Königin Charlotte, Gattin König Georgs III. von Großbritannien, eine geborene Prinzessin von Mecklenburg-Strelitz, orderte 1765 ein Tee- und Kaffeeservice. Ihr Interesse war von langer Hand vorbereitet worden. Wedgwood belieferte viele Aristokraten aus der Region von Staffordshire mit seinen Waren. Äußerst sorgsam kontrollierte er den Verkauf seiner Produkte und die Wünsche seiner Kunden. Und tatsächlich kam es allmählich in Mode, den Tisch mit Wedgwood-Waren zu decken. Gebrauchseigenschaften und Dekor bestimmten ganz entscheidend über den Absatz der Keramik. Josiah Wedgwood ließ seine Ware mit beliebten Genrethemen („Liebespaar auf dem Lande", „Prediger John Wesley", „Das Zehntschwein", „Tod des General Wolfe" u.a.) schmücken. Aber auch klassische Ruinen in Italien (vermögende Briten kannten die Motive von der Grand Tour), Wappendarstellungen für selbstbewußte Kunden und königliche Porträts fanden besten Absatz, obwohl der vorsichtige Produzent anfangs verkündete, daß: „...wir uns auf Wappen am besten nicht einlassen sollten..."

Königin Charlotte bestellte bei Wedgwood erlesenes Teegeschirr aus Steingut: „...mit grünen, erhabenen Blumen auf Goldgrund". Die Auslieferung des Geschirrs in London übernahm Josiah persönlich, und sein Bruder John riet ihm hierzu, er solle: „...den besten Anzug anziehen, den er je besessen habe, und sich so schnell wie möglich zum Hof begeben..."

Bedauerlicherweise ist bis heute der Verbleib des Services unbekannt. Auch kein Einzelstück tauchte jemals auf. Charlotte jedoch war entzückt von der hohen Qualität der Stücke. Dieser Auftrag stellte einen Meilenstein in der Geschichte der englischen Keramik dar, denn nie zuvor hatte ein Töpfer aus den „Potteries" einen königlichen Auftrag aus London erhalten. Allein der sichere Transport der zerbrechlichen Güter gestaltete sich zu einem besonderen Wagnis. Diesem Problem widmete der Keramikproduzent später große Aufmerksamkeit, indem er sich dem Ausbau eines Kanalsystems in Mittelengland mit großer Energie widmete.

Die königliche Gunst erlaubte es ihm, fortan die Cream Ware auch als „Queen's Ware" bezeichnen zu dürfen. Damit hatte sich Wedgwood vorzügliche Werbemöglichkeiten erschlossen, die noch gesteigert wurden, als ihm die Königin 1766 den Titel des Hoflieferanten „Potter to Her Majesty" (the Queen) verlieh. Er vermerkte darüber ein Jahr später ganz zufrieden: „...es ist wirklich erstaunlich, wie schnell sie (die Queen's Ware) sich fast auf der ganzen Welt durchgesetzt hat und wie sehr sie gefällt..."

Er hatte sich das Ziel gesetzt, möglichst keinen Wunsch offenzulassen. Ihm fiel auf, daß seine Musterräume in London schon bald zu klein wurden: „Ich brauche mehr Raum für meine Ladies, denn sie kommen manchmal in großen Schwärmen zusammen."

„...Black Basalt ...ist ewig“

Im 18. Jahrhundert unternahmen junge englische Aristokraten Bildungsreisen nach Italien. Während dieser sogenannten Grand Tour besichtigten sie berühmte Stätten der Antike. Im Veneto waren es besonders die Villen des Renaissancearchitekten Andrea Palladio, die das Interesse der Engländer erweckten. Dadurch wurde der Stil des Neopalladianismus in England geprägt. Die gebildeten Aristokraten und Künstler erfuhren sehr bald, daß Palladio sich der antiken Baukunst verpflichtet fühlte. Daher waren natürlich originale antike Exponate zur Ausstattung der englischen Landhäuser besonders begehrt.

Der schwunghafte Kunsthandel mit antiken und gefälschten Kunstwerken blühte in allen großen italienischen Städten. Besonders begehrt bei den Käufern waren antike Keramikgefäße, die man in großer Anzahl in Mittel- und Unteritalien ausgrub. Originale Gefäße allein konnten den ständig steigenden Bedarf bald nicht mehr decken.

Mit unternehmerischem Gespür und inspiriert von der herrschenden Vorliebe für antike Kunst und den archäologischen Publikationen seiner Zeit, arbeitete Wedgwood ab 1767 an der Erfindung einer schwarzfarbenen Keramik. Zwar gab es in seiner Region schon das sogenannte Egyptian Black, ein schwarzes Steinzeug, doch die Qualität der Ware entsprach nicht den Vorstellungen des „Potter to Her Majesty“. Zeitgenössische Autoren berichteten, daß das Geheimnis der Herstellung

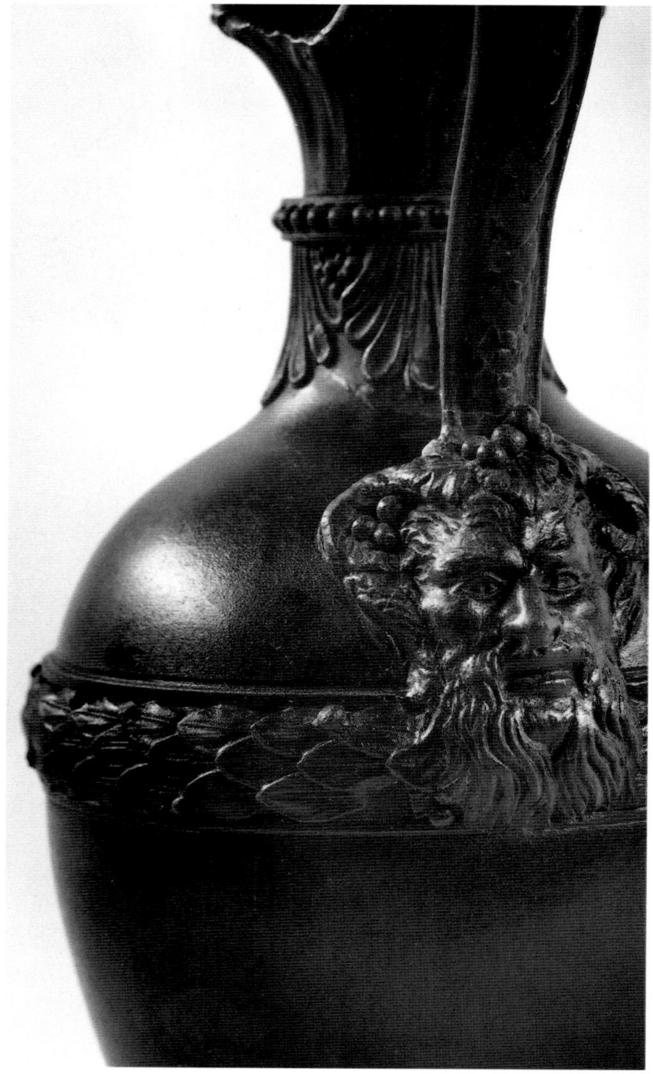

Wedgwood-Fabrik: Satyrmaske, Detail einer antikisierenden Kanne, vor 1780, Black Basaltes, H.: 26,2 cm, Marke: Rundstempel WEDGWOOD & BENTLEY. ETRURIA. Kulturstiftung Dessau-Wörlitz, Inv. Nr. II-361.

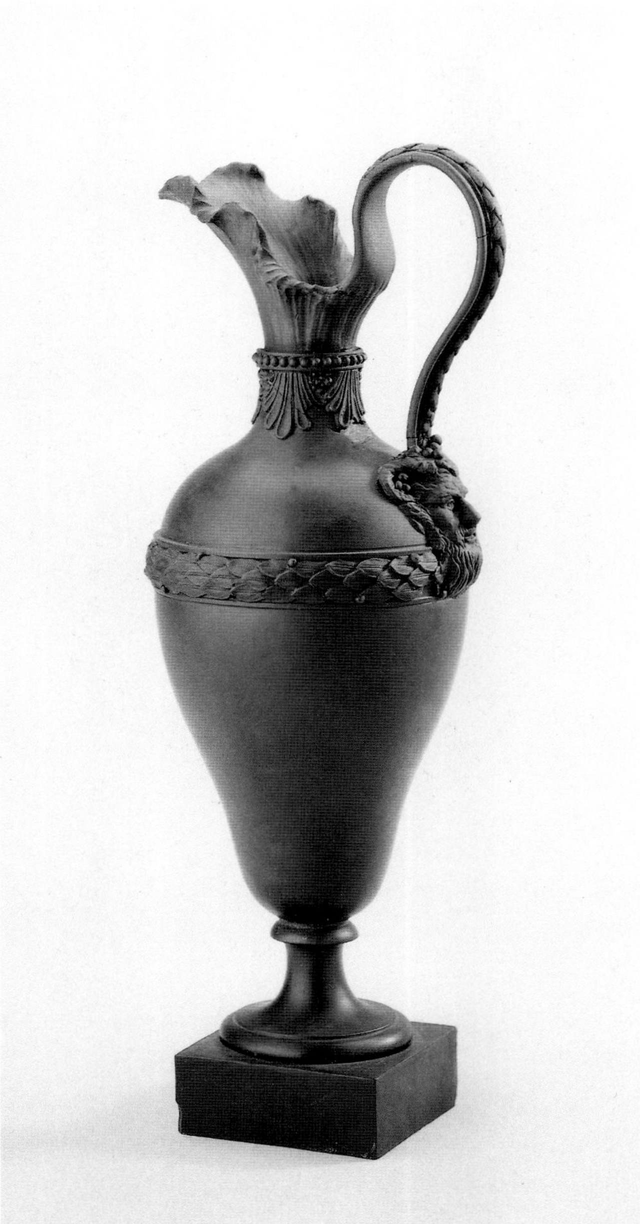

Wedgwood-Fabrik: Antikisierende Kanne, vor 1780,
Black Basaltes, H.: 26,2 cm,
Marke: Rundstempel WEDGWOOD & BENTLEY. ETRURIA.
Kulturstiftung Dessau-Wörlitz,
Inv. Nr. II-361.

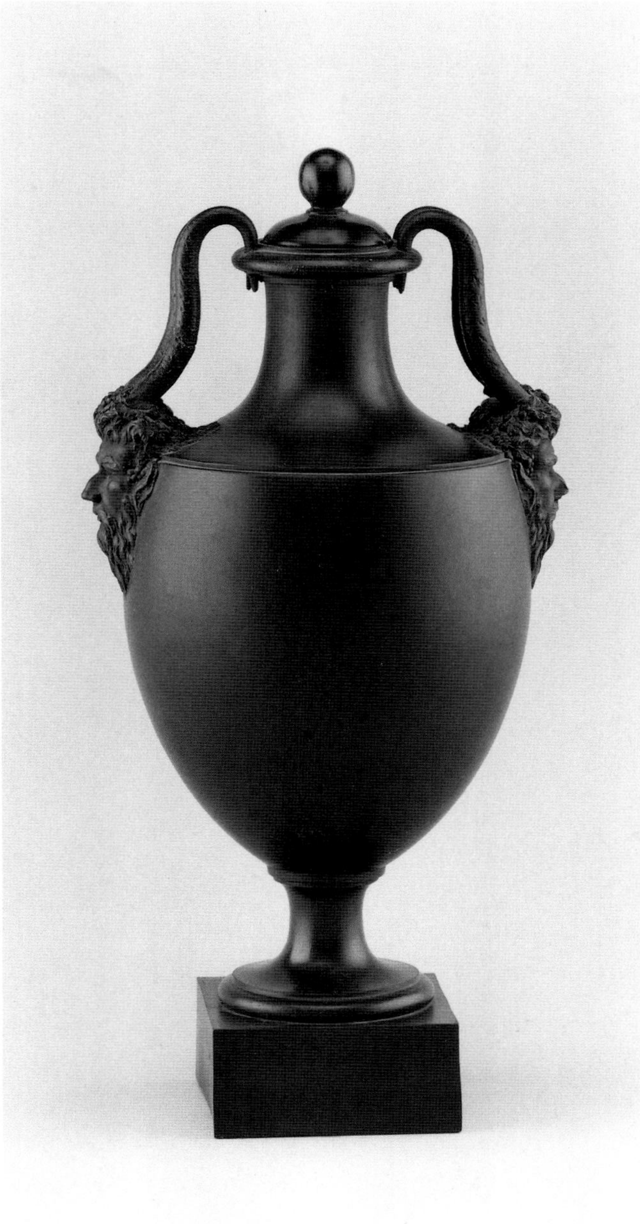

Wedgwood-Fabrik: Antikisierende Vase, vor 1780, Black Basaltes, H.: 35 cm, Marke: Rundstempel WEDGWOOD & BENTLEY. ETRURIA. Kulturstiftung Dessau-Wörlitz, Inv. Nr. II-352. Im „Shape Book Nro. I" ist der Umriß der eleganten Vase, die noch heute produziert wird, unter Nr. 1 vermerkt. Sie wurde auch in Cream Ware und Jasper Ware ausgeformt.

antiker Vasen bereits vor Jahrhunderten verloren ging. In dessen Wiederentdeckung sah Josiah eine große Herausforderung.

1768 endlich war Wedgwood mit der Qualität seines neuen Produktes Black Basaltes zufrieden. Sein Steinzeug unterschied sich von dem bisher bekannten durch eine völlig gleichmäßige Färbung mit samtig glänzender Oberfläche. Verantwortlich dafür waren ausgesuchte Tone und schwarzfärbendes Manganoxid als Zuschlagstoff. Diese neue Keramikart eignete sich hervorragend zur Nachbildung der modischen antiken Gefäße.

Für die Bemalung der Vasen mit Ornamenten und Figuren entwickelte Wedgwood eine spezielle matte Emaillefarbe. Sie hielt hohen Brenntemperaturen stand und verband sich perfekt mit dem Vasenkörper. Im Vergleich mit Erzeugnissen anderer Töpfer glänzte sie nicht, und es blieben selbst die feinen Konturen der Binnenzeichnungen vollständig und dauerhaft erhalten.

Wedgwood kopierte antike Vasen aus einem berühmten Vorlagenwerk, das kurz zuvor der englische Gesandte in Neapel, Sir William Hamilton, herausgeben ließ. Seit 1764 diente er als Diplomat in Italien und galt in seiner Zeit als einer der berühmtesten Kunstsammler und Kunstkenner. Als wissenschaftlichen Berater verpflichtete Hamilton den Kunsthistoriker d'Hancarville. Der war ein in ganz Europa berüchtigter und steckbrieflich verfolgter Glücksritter, hieß eigentlich Pierre François Hugues. Unter welchen Umständen auch immer, d'Hancarville veröffentlichte die ersten beiden Bände der „Collection of Etruscan,

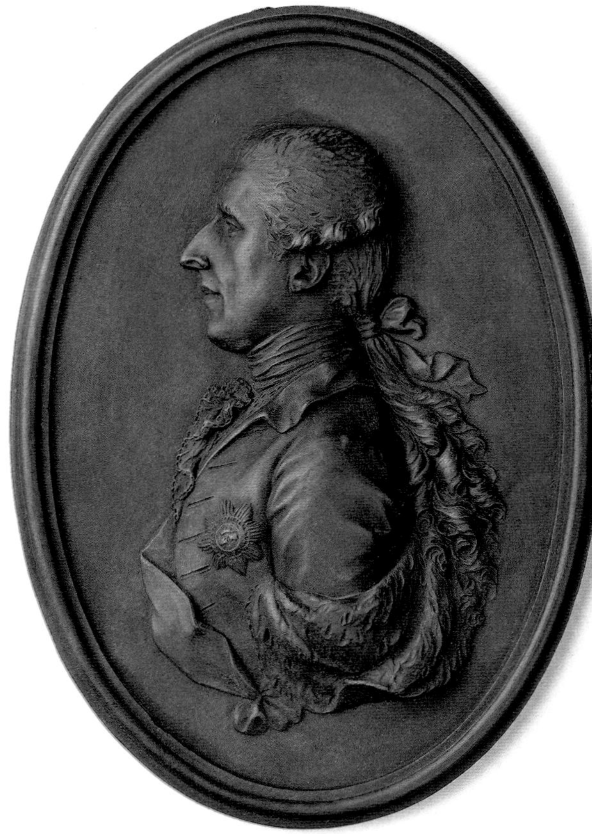

Joachim Smith: Porträtmedaillon Sir William Hamilton, Black Basaltes, 1772, oval 7,2 x 5,9 cm, ohne Marke. Kulturstiftung Dessau-Wörlitz, Inv. Nr. II-408. Die Bildnisplakette zählt zu den besten der Wedgwood-Produktion.

Greek and Roman Antiquities...of Sir William Hamilton".

Ganz außergewöhnlich ist die Tatsache, wie Wedgwood erstmals von den Vasenbüchern des Diplomaten erfuhr. Hamiltons Schwager, Lord Cathcart, schickte Probeabdrucke von Kupferstichen aus der „Collection" noch vor deren offiziellen Erscheinen an den Keramikproduzenten. Wedgwood erinnerte sich später, daß es diese

Kupferstiche und originale Vasen in der Sammlung des Herzogs von Northumberland waren, die „...meine Beachtung für diese Objekte wachriefen.“ Beides spricht wiederum für Wedgwoods guten Ruf und seine ausgezeichneten Verbindungen in die Kreise der Aristokratie.

Aus Black Basaltes fertigte Josiah Wedgwood neben Vasenkopien vor allem auch Kleinplastiken, Porträtbüsten, Tintenfässer, Teegeschirr, Blumentöpfe und Medaillons. Der Erfolg der neuen Keramik war überwältigend. Wedgwoods Erzeugnisse fanden Eingang in die innenarchitektonischen Entwürfe der führenden englischen Architekten Robert und James Adam sowie Sir William Chambers.

Mit typisch britischer Ironie äußerte sich 1778 der mit Wörlitz in enger Verbindung stehende Schriftsteller Horace Walpole nach einem Besuch des Landhauses Osterley Park über ein Zimmer: „...es nennt sich etruskisch und ist über und über bemalt wie Wedgwood-Geschirr.“

Wieder einmal hatte Josiah Wedgwoods Geschäftssinn richtig entschieden. Sein Produkt verkaufte sich ausgezeichnet. Auch im Falle des Black Basaltes hatte er dezidiert auf Qualität gesetzt, wie er selbst feststellte: „Wir haben keine Mühe gescheut, damit sie sich als würdige Dekorationen für die edelsten Interieurs erweisen.“ Mit Stolz und der ihm eigenen trockenen Urteilskraft bemerkte er angesichts der nicht abreißenden Nachfrage:
„Das Schwarze ist Gold wert und wird ewig sein...“

„Artes Etruriae renascuntur... ... at Etruria in Staffordshire by Wedgwood and Bentley“ (Die Kunst Etruriens ist wiedererstanden... in Etruria in Staffordshire durch Wedgwood und Bentley)

Die Entscheidung Wedgwoods, eine Partnerschaft mit einem gebildeten Kaufmann einzugehen, erwies sich schon bald nach Unterzeichnung des entsprechenden Vertrages als besonders glücklich. Hatte Wedgwood mit seinem Tafelgeschirr aus Queen’s Ware großen Erfolg auf dem Markt für Gebrauchsgeschirr, so verhalf er

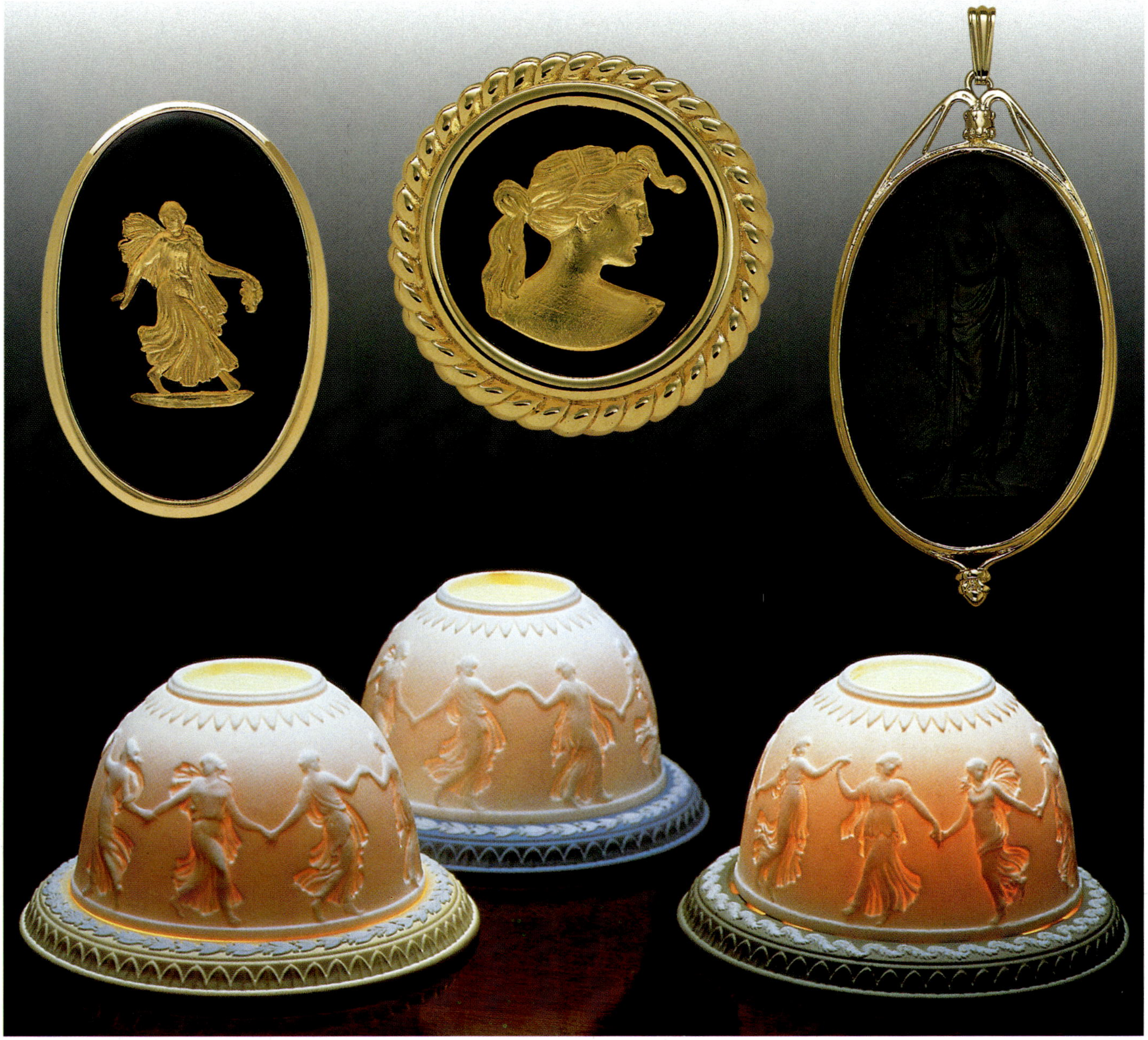

Drei Beispiele aus moderner Produktion mit dem Motiv Dancing Hours: Grazile Schmuckstücke entzückten die Damen des 18. Jahrhunderts in ganz Europa. Die vielfach variierten Motive des Klassizismus entdecken wir wieder neu auf der Suche nach klaren Formen.
Wedgwood griff eine Keramiktradition des 19. Jahrhunderts auf: die geheimnisvolle Lithophane.
Der malerische Lichteffekt entsteht durch unterschiedliche Reliefstärke der feinkörnigen Jasper Ware; Licht und Schatten gehen außerordentlich weich ineinander über.
Lithophane-Leuchter aus moderner Produktion.

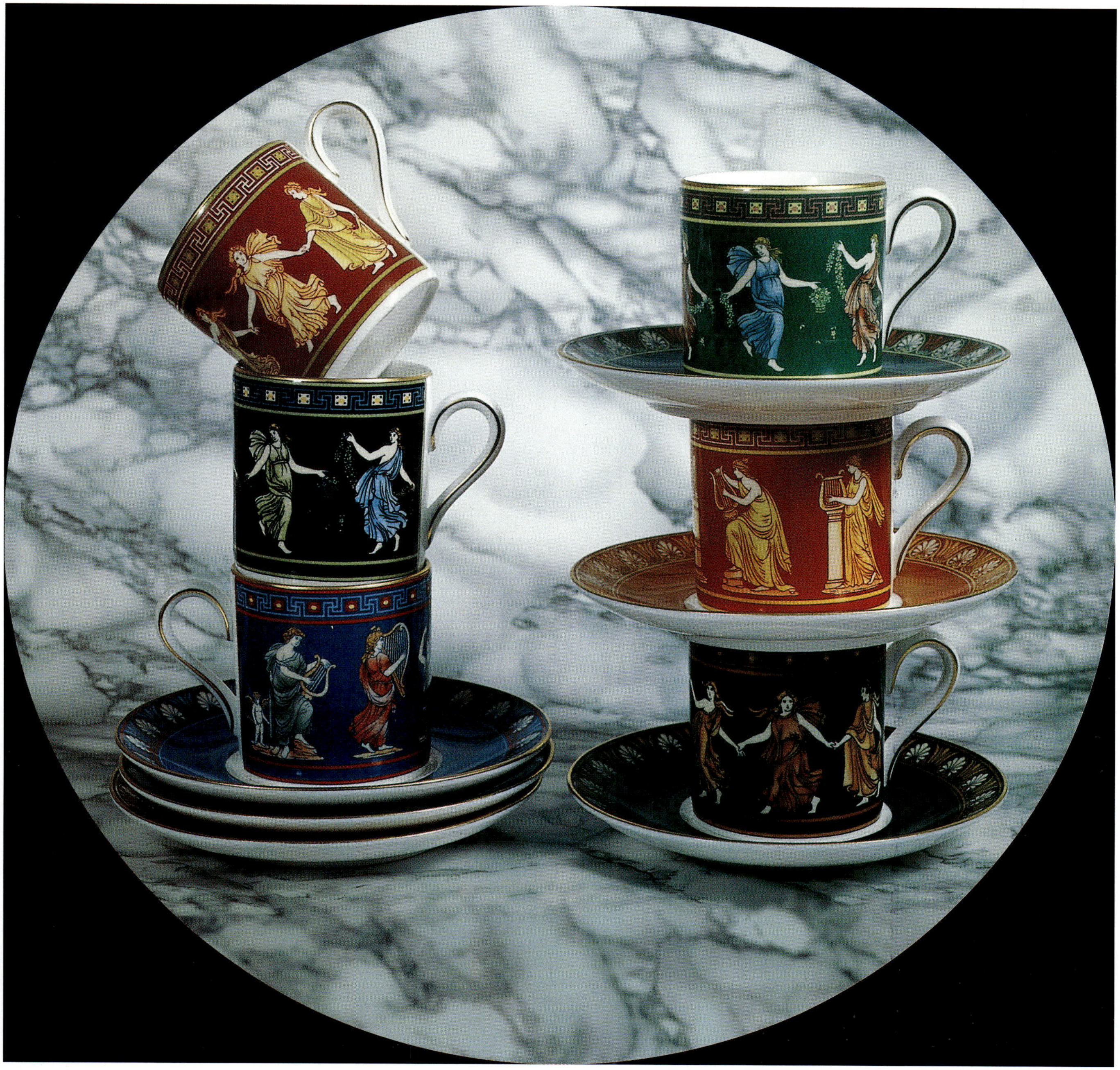

Anmutige Gestalten begeistern seit zwei Jahrtausenden den Betrachter: die Borghesischen Tänzerinnen oder Dancing Hours. Handgefertigte Mokkatassen aus Fine Bone China.

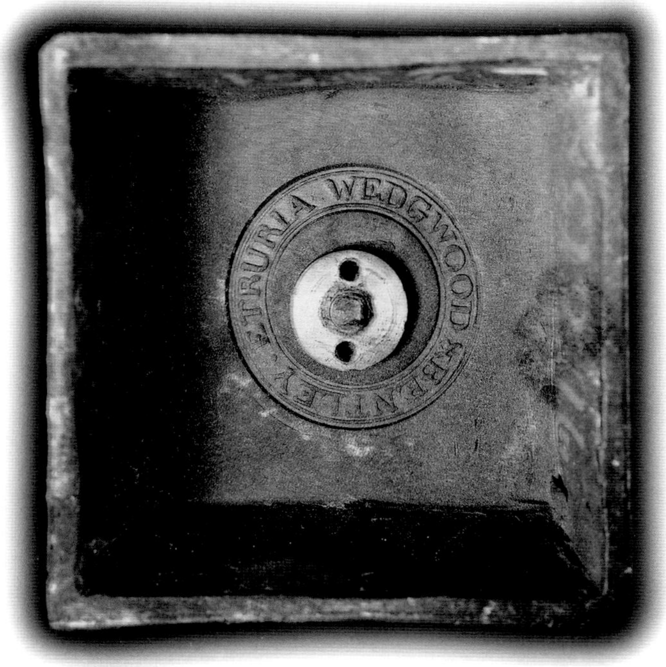

Vertiefter Stempel „WEDGWOOD & BENTLEY. ETRURIA", das äußere Zeichen der erfolgreichen Partnerschaft zwischen einem Keramikproduzenten und einem Kaufmann.

nun mit seinen Basalt-Erzeugnissen dem Klassizismus in der Gefäßkeramik zum Durchbruch. Entscheidend für die stilistische Ausrichtung Wedgwoods sind offensichtlich zwei Faktoren gewesen. Erstens gaben die sensationellen Ausgrabungen in Pompeji und Herculaneum dem Neopalladianismus in England neuen Aufschwung. Daraus ergab sich ein bedeutender Absatzmarkt für ansprechende, modische Waren. Zweitens schloß Josiah Wedgwood Ende 1769 eine Partnerschaft mit Thomas Bentley (1730 -1780), einem hochgebildeten Liverpooler Kaufmann. Bedeutende Künstler, Wissenschaftler und Unternehmer gehörten zum Bekanntenkreis Bentleys, der sich damit auch für Wedgwood erschloß. Er beeinflußte besonders die ästhetische Verfeinerung der Töpferwaren seines Partners. Eine Firmenbibliothek wurde nun angelegt. In ihr befanden sich die prächtigsten Musterbücher des 18. Jahrhunderts.

Wedgwood erkrankte Anfang 1768 schwer an einem Knieleiden. Die Karriere eines gewöhnlichen Töpfers wäre mit der Amputation eines Beines zu Ende gewesen, denn er hätte die mit den Füßen betriebene Töpferscheibe nicht mehr drehen können. Schließlich mußte Josiah Wedgwood ein Bein amputiert werden. Die nicht ungefährliche, doch positiv verlaufende Operation erfolgte am 31. Mai 1768. „St. Amputation Day" nennt Wedgwood später diesen lebenswichtigen Tag mit dem ihm eigenen Sarkasmus.

Das Ereignis war Gesprächsstoff der gehobenen Gesellschaft, denn es fragten sogar Lord Cathcart, englischer Gesandter in Petersburg und der Herzog von Bedford, englischer Gesandter in Frankreich, nach Wedgwoods Befinden. Diese hervorragenden Kontakte brachten sehr bald Wedgwood-Produkte auf den internationalen Markt.

Die Genesung des Unternehmers verlief unterdessen glücklich und erfolgreich. Der Markt nahm allerdings keine Rücksicht auf gesundheitliche Probleme und stellte Wedgwood vor eine schwerwiegende Entscheidung. Auf Grund der großen Nachfrage konnte er kaum noch ausreichend Basalt-Vasen und Steingut-Geschirr herstellen. Die Produktionskapazität in Burslem hatte ihre Grenzen erreicht.

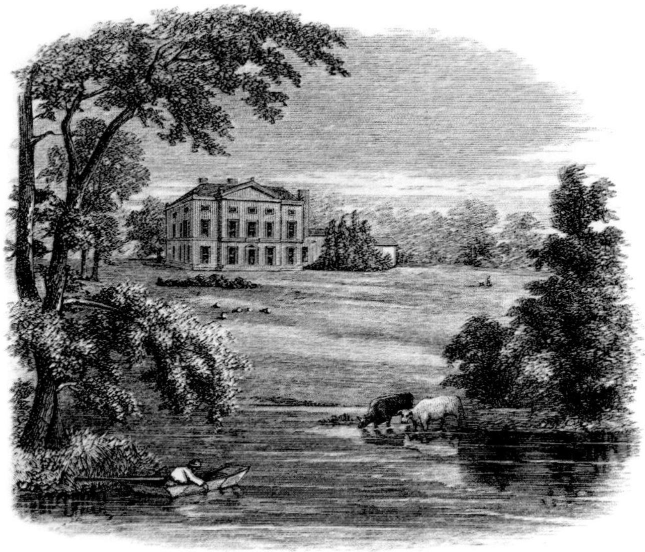

Etruria Hall, der Wohnsitz Josiah Wedgwoods. Aus: Eliza Meteyard, The Life of Josiah Wedgwood, London 1865.

Besonders dringende Rufe kamen von Kunden aus London. Wedgwood inspizierte die dortigen Verkaufsräume und bat nachdrücklich seinen Geschäftspartner Bentley: „...alle Hände, die entbehrlich sind und mit Vasen arbeiten können einzusetzen...", denn er könne Gefäße im Werte von £ 50 oder £ 100 am Tag verkaufen, wenn er sie hätte.

Ein Jahr später eröffneten Wedgwood und Bentley in Burslem die modernste Tonwarenfabrik Englands. Man errichtete eine Werkssiedlung, und wenige Jahre darauf ließ sich Wedgwood hier eine Fabrikantenvilla bauen. Werk und Ort nannten Wedgwood und Bentley sehr werbewirksam ETRURIA. Die Unternehmer spielten bewußt auf die Tatsache an, daß man die meisten antiken Gefäße in Italien in der ehemaligen Provinz Etrurien zutage förderte. Am 13. Juni 1769 produzierten Wedgwood & Bentley eigenhändig sechs sogenannte „First Day Vases" in der eben gegründeten Fabrik. Jede Vase war mit Aufschrift:
„Artes Etruriae renascuntur
June XIII. M. DCC.LXIX.
One of the first Days Productions
at
Etruria in Staffordshire
by
Wedgwood and Bentley"

In Etruria beschäftigten Bentley und Wedgwood die besten Vasenmodelleure und Maler ihrer Region. Die Serienproduktion von verziertem Geschirr hatte Bentley bereits vorher nach Liverpool ausgelagert. Hier wurde Wedgwood-Keramik in industrieller Weise im Umruckverfahren dekoriert. Bildliche Motive konnten über speziell vorbereitete Kupferstiche massenhaft auf Keramik übertragen werden. In Form von Halbprodukten kamen die Waren nach Etruria zurück, wurden vervollständigt und an die Kunden versandt.

Gemeinsam legten Wedgwood und Bentley eine umfassende Firmenbibliothek an, in der die wichtigsten Kunstpublikationen der Zeit vertreten waren. Es entstand damit eine Quelle für Formen, Bildthemen und Kompositionen, die beide ständig erweiterten. Mit Hilfe der Vorlagen aus den illustrierten Werken von Johann Fischer von Erlach, Jacques de Stella, Anne Claude Philippe de Tubiérs, Comte de Caylus, Bernard de Montfaucon, Sir William Hamilton, Sir William Chambers,

James Stuart und der Gebrüder Adam setzte Wedgwood alles daran, sich zum „Vase maker general of the universe“ zu entwickeln.

Beide Geschäftspartner gehörten seit 1770 zu den Freunden des Lunar Circle, eines Clubs in Birmingham, dessen Mitglieder sich am Montag (Lunar) trafen. Neben dieser typisch englischen Form des Zusammenlebens der gehobenen Gesellschaft diente der Club natürlich auch den weitgehenden Geschäftsinteressen von Wedgwood und Bentley. Es vereinten sich Wissenschaftler, Unternehmer und Freunde, die neue Ideen austauschen und gemeinsame Probleme beraten wollten. Zu den nur vierzehn regulären Mitgliedern zählten unter anderen die Industriepioniere Matthew Boulton (1728-1809) und James Watt (1736-1819). Prominente Freunde des Clubs waren Benjamin Franklin, Carl von Linné und Sir Joseph Banks. Dieses vorzügliche Netz erster Adressen begünstigte den Verkauf der Wedgwood-Produkte ausgesprochen. Hervorragend gewählt war der Ort allemal. Von Birmingham heißt es in einer zeitgenössischen Publikation: „Sie ist die berühmteste Manufakturstadt in ganz England... ein jeder kann sich hier frei niederlassen, und seine Gewerbe treiben...“

London bezog eine Vielzahl seiner Luxuswaren aus dem Zentrum der Kunstindustrie. Der mit Wedgwood befreundete Konkurrent Boulton erwarb 1762 in der Nähe Birminghams das Heideland von Soho und gründete erfolgreiche Fabriken. Beispielsweise betrieb er ab 1788 die Münzprägung mit Dampfkraft. Die Folge war, daß er

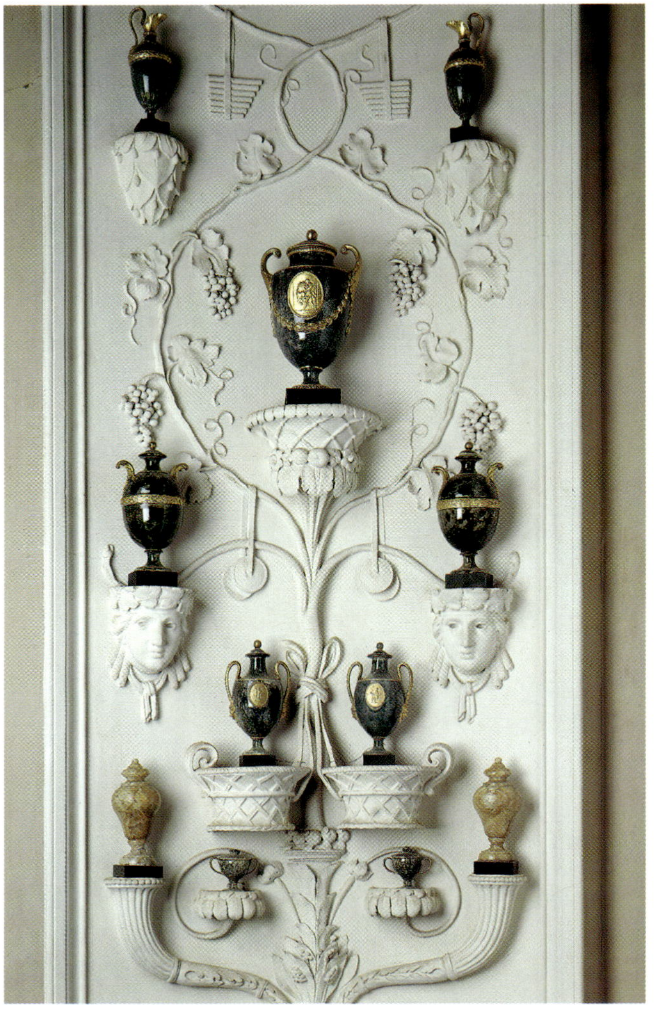

Schloß Wörlitz, Speisesaal, Anrichtenische mit Wedgwood-Keramik, um 1772, Cream Ware, vertiefter Stempel „WEDGWOOD & BENTLEY. ETRURIA.“

hohe Stückzahlen in kurzer Zeit sehr preiswert anbieten konnte. Kurz darauf versorgte er allein England und dessen Kolonien mit Kupfermünzen. Sein Ruhm drang bis nach Rußland. Hier errichtete er im Auftrage des Großfürsten Alexander Pavlovitsch zwei große Münzwerke.

Queen's Ware für die Kaiserin von Rußland

Wedgwood knüpfte zielgerichtet Bekanntschaften mit einflußreichen Persönlichkeiten. Einerseits baute er sich damit eine zahlungskräftige Kundschaft auf, andererseits wurden durch diese Kunden seine Waren in den entsprechenden Kreisen weiterempfohlen.

1768 gelang es Wedgwood, den englischen Gesandten am Hofe der Kaiserin von Rußland kennenzulernen er berichtete darüber später: „Ich verbrachte einige Stunden mit Lord Cathcart...&

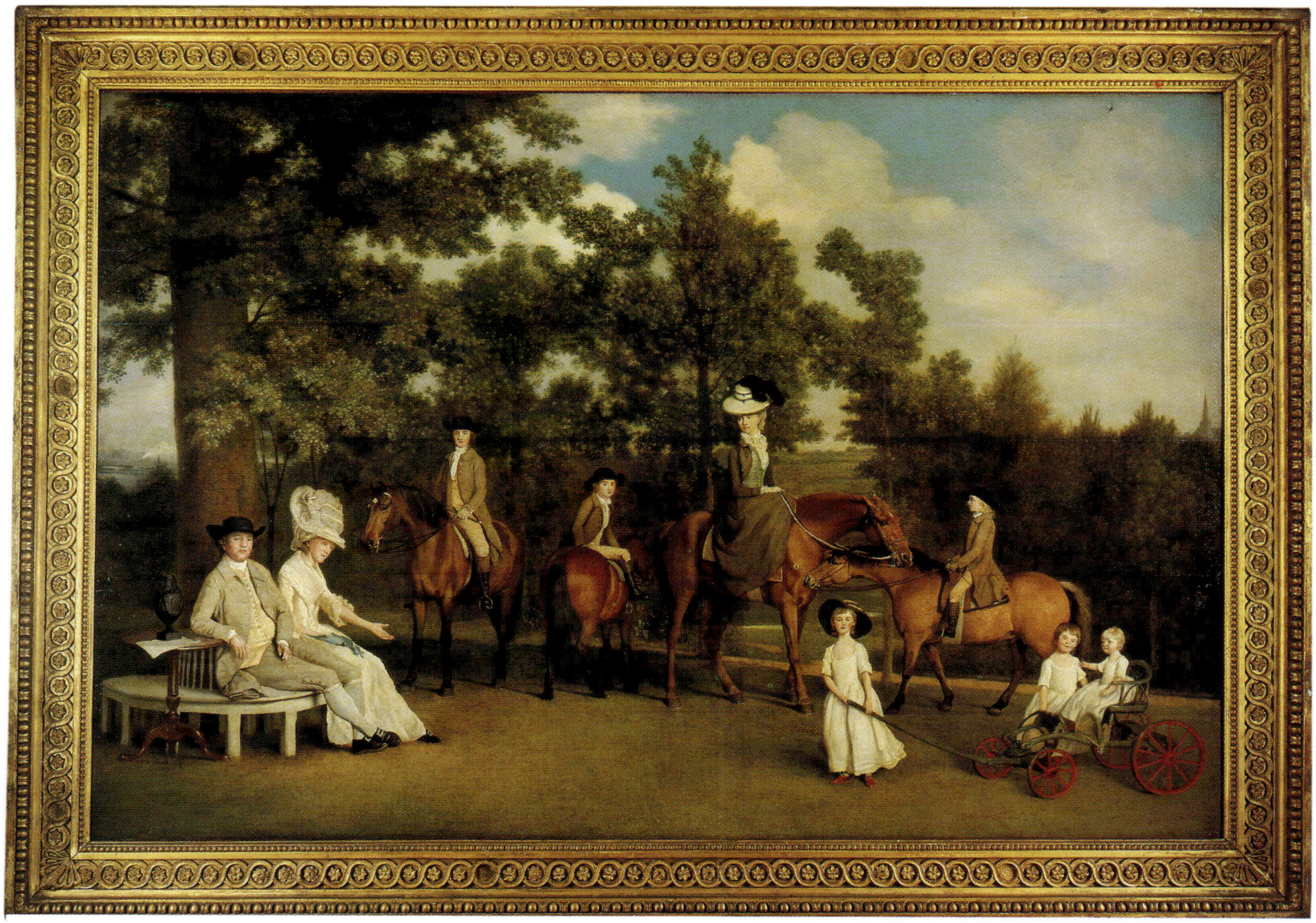

George Stubbs: Die Wedgwood-Familie, 1780, Öl auf Holz, 120 x 150 cm. The Wedgwood Museum Barlaston. Das Gruppenporträt entstand im Familienbesitz Etruria Hall und zeigt (v.r.n.l.): Josiah Wedgwood sen., Sarah, John (der älteste Sohn), Josiah jun., Susannah (das älteste Kind), Catherine, Thomas, Sarah und Mary Ann (in der Kinderkutsche).

wir besprachen große Dinge miteinander...Ich sprach von meiner Bitte mich dem Hofe von Rußland vorzustellen... Der Botschafter, besonders aber Lady Cathcart, zeigten sich im höchsten Maße bereit... Ich erhielt einen Teller mit russischen Wappen ringsum, auch vergoldet. So etwas sollte ich in der Stadt machen lassen. Seine Lordschaft bestellte ein großes Service und wollte es mit sich nehmen." Der klug geplante Vorstoß nach Rußland, damals größter Flächenstaat der Erde, entwickelte sich sehr erfolgreich. Lord und Lady Cathcart benutzten von nun an in der englischen

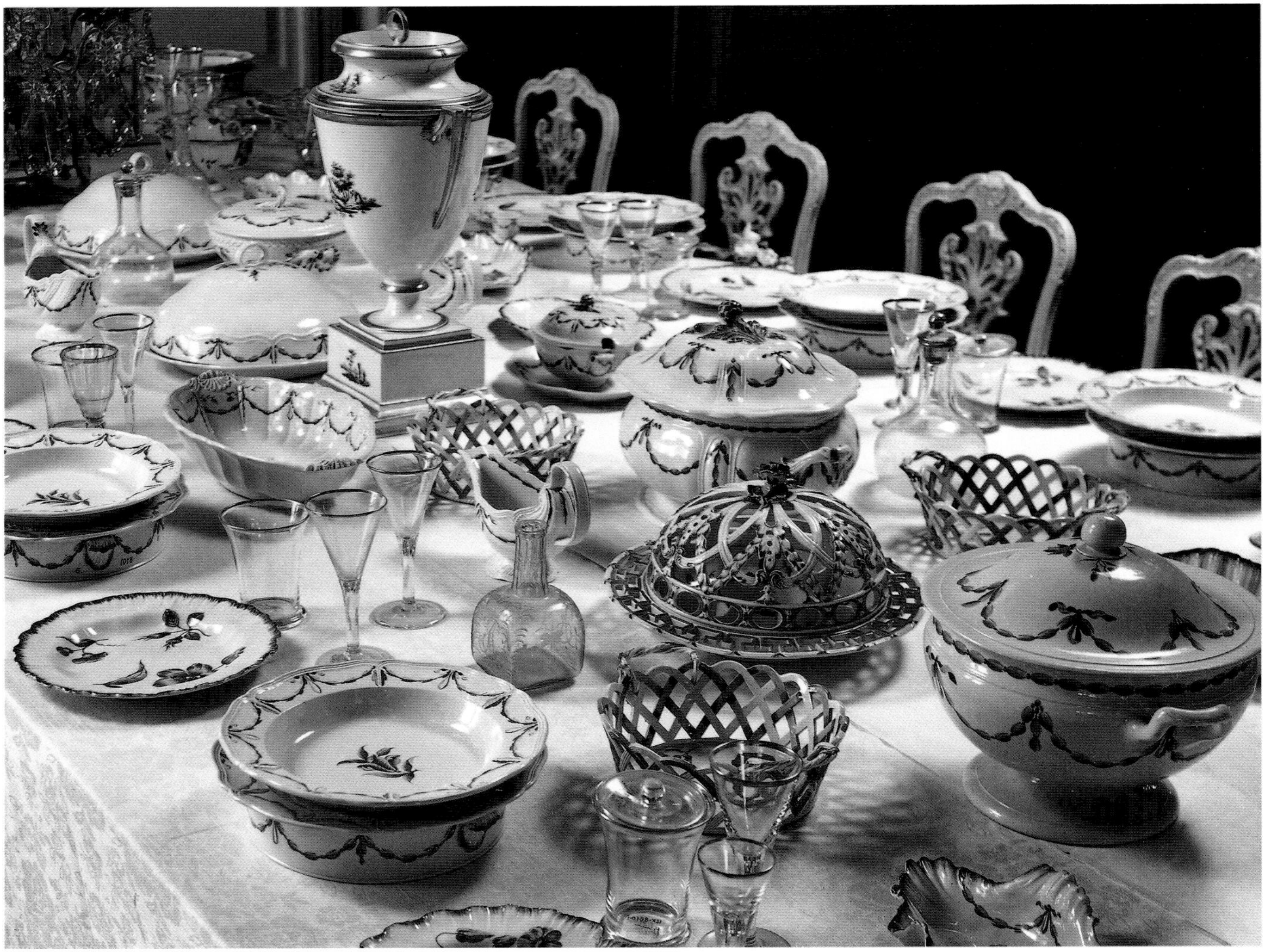

Das „Husk Service" der Kaiserin Katharina der Großen von Rußland ergänzt von russischen Nachbildungen, Porzellan und Glas im Weißen Speisesaal des Großpalastes von Schloß Peterhof, Sankt Petersburg.

Botschaft in Sankt Petersburg das Service aus Queens Ware. Das erregte die Aufmerksamkeit der Kaiserin, die ständig Interesse an englischer Kultur äußerte. Bereits 1769 bestellte Katharina II. ein heute unvorstellbar großes Dinner- und Dessert-Service bei Josiah Wedgwood. Es wird auf etwa 1500 Einzelteile geschätzt. Dazu zählten Teller mit Stövchen (eine spezielle Erfindung Wedgwoods wegen der kalten russischen Schlösser), Körbe, Terrinen, Platten, Eierbecher, Menagen, Gewürzlöffelchen und anderes. Wedgwood nannte es das „Russische Service", spätere englische Beschreibungen gaben ihm den Namen „Husk Service" nach den gemalten himbeerfarbenen Früchtegirlanden. Mit den Girlanden ist das Speise-Geschirr verziert; die Teile des Dessert-Geschirrs unterscheiden sich davon durch Streublumendekor in gleicher Farbe.

Natürlich hatte der russische Auftrag absoluten Vorrang und beanspruchte das gesamte Unternehmen. Unter der persönlichen Aufsicht Wedgwoods entstand in der Werkstatt des „Useful Thomas" in Burslem die Rohware. In London wurden die Stücke in den „Chelsea Decoration Studios" unter der Aufsicht Bentleys bemalt. Man stellte zusätzliche Künstler ein, die höchste Qualität zu liefern hatten. Wedgwood versäumte nicht, das „Russische Service" vor der Versendung nach Rußland dem englischen Königspaar in Richmond Palace vorzustellen. Es erhielt den allerhöchsten Beifall. Heute zählt das „Husk Service" zu den Attraktionen im Weißen Speisesaal des Schlosses Peterhof in Sankt Petersburg.

Das „Frosch-Service"– kostbare Queens Ware für Liebhaber

Wie großartig der Erfolg des „Husk Service" gewesen ist, bestätigt der drei Jahre später erteilte Auftrag für ein zweites Service an Wedgwood & Bentley. Es sollte wesentlich prachtvoller gestaltet werden. Katharina II. wünschte, daß alle Teile mit Ansichten aus Großbritannien verziert werden sollten. Der Empfänger sollte Graf Grigori Grigorjewitsch Orlov (1734-1783), ein Favorit der Kaiserin sein.

Wedgwood verfertigte ein Service bestehend aus 952 Einzelteilen, dekoriert mit 1244 verschiedenen Ansichten von Bauwerken, Gärten und Naturdenkmälern Großbritanniens. Seinen Namen erhielt das Cream-Ware-Geschirr nach dem heute nicht mehr existierenden Palais am Froschtümpel „La Grenouillère" (russisch „Tschesmenski-Palast") - ein grüner Frosch als Wappen verziert jedes einzelne Teil. Das Dinner-Geschirr zeigt neben der englischen Landschaft den charakteristischen „Grünen Frosch" im Wappen, umgeben von einem Eichenzweig. Die für das Dessert bestimmten Teile sind jeweils mit einer Landschaftsansicht, umgeben von einem Efeuzweig ohne Wappenschild, verziert. Natürlich fühlten sich die englischen Aristokraten durch die Abbildung ihrer Güter entspre-

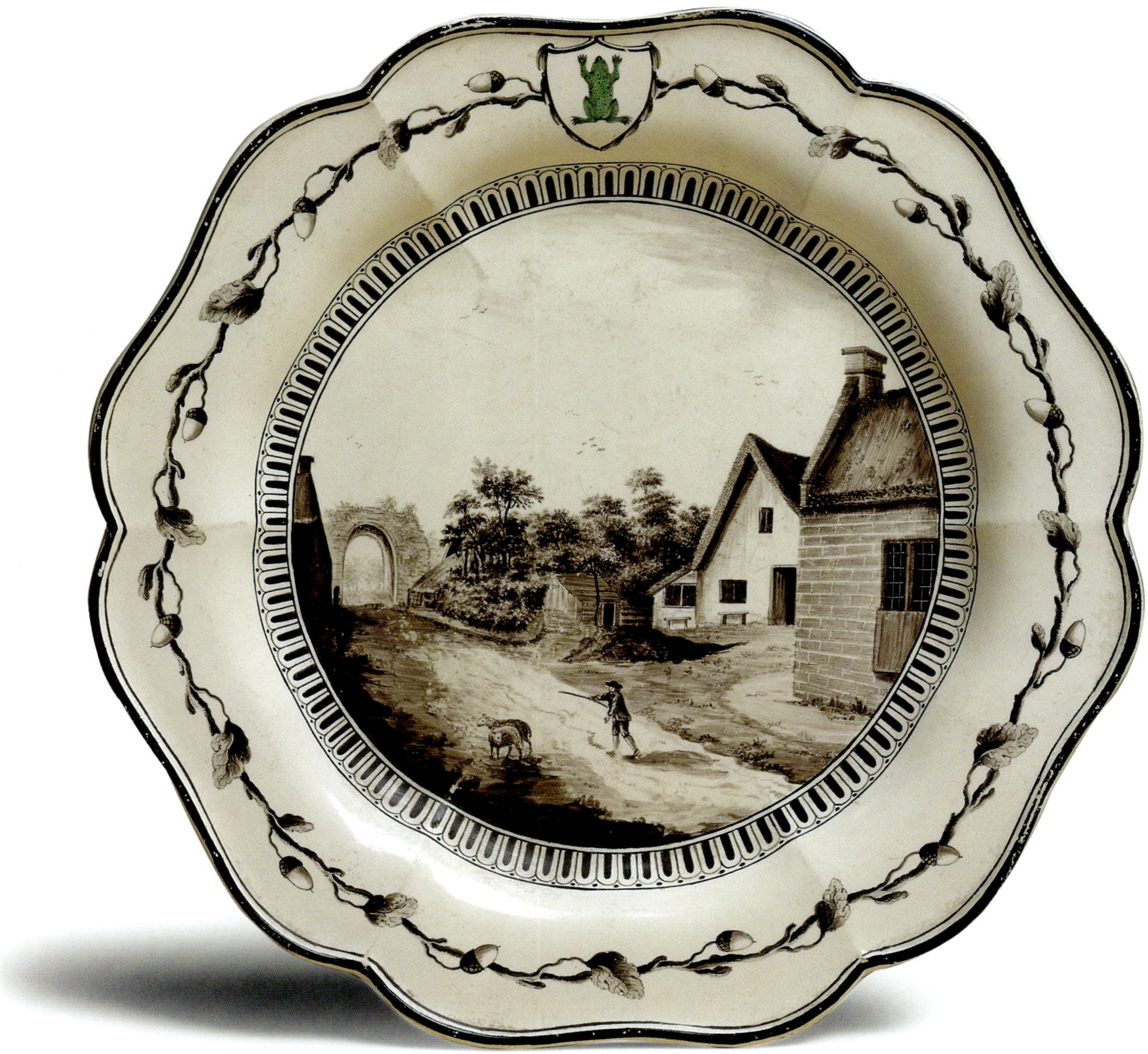

Wedgwood-Fabrik: Dessert-Teller des „Frosch-Services“, Ansicht von Castle Acre/Norfolk, 1774, Queen's Ware, ohne Marke. The Wedgwood Museum Barlaston.

chend geehrt und unterstützten das Projekt. Die meisten Landschaftsansichten entstanden erstmals im Auftrag Wedgwoods und mußten in kurzer Zeit angefertigt werden. Die Fülle der Abbildungen erforderte den Einsatz einer „camera obscura“ durch die Künstler. Das Übertragen derart angefertigten Dekors war bis dahin in der Keramikherstellung nicht üblich und stellte einen weiteren Schritt in Richtung industrieller Massenproduktion dar.

Für Wedgwood war die Produktion des Services zudem eine ausgeklügelte Werbemaßnahme, denn einerseits konnte er den Namen der berühmten Herrscherin nun mit seinem Unternehmen verbinden.

Andererseits beeinflußte der Auftrag erheblich die herrschende Mode, das heißt, viele Bestellungen aus anderen Residenzen folgten. Das „Frosch-Service“ zählt heute zu den Prunkstücken der Petersburger Ermitage.

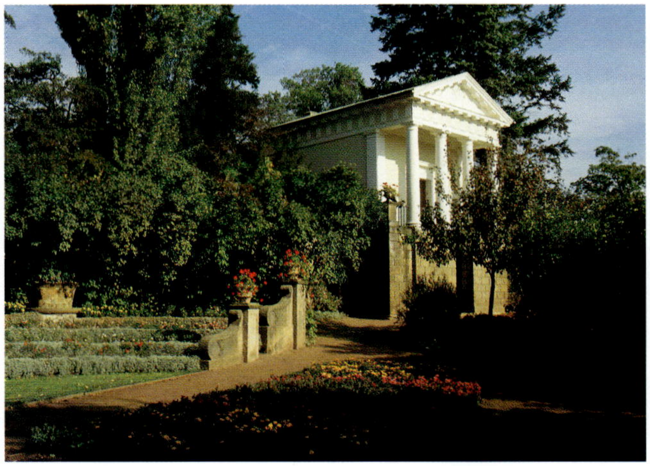

Flora-Tempel Wörlitz, 1796-1798 nach Plänen von F. W. von Erdmannsdorff errichtet.

Das Dessau-Wörlitzer Gartenreich

Das Fürstentum Anhalt-Dessau zählte zu den kleinsten Staaten des Deutschen Reiches. Südlich Berlins gelegen, erstreckte es sich entlang der mittleren Elbe auf einer Länge von etwa 25 Kilometern.

Entgegen der Familientradition, die Dessauer Fürsten waren ranghohe Offiziere in der preußischen Armee, sah Fürst Franz sein Betätigungsfeld auf kulturellem und sozialem Gebiet. Eben auf den Thron gelangt, verwirklichte er ab 1758 zielstrebig eine Reihe von klug durchdachten Reformen. In der deutschen Geschichte blieben sie ohne Beispiel.

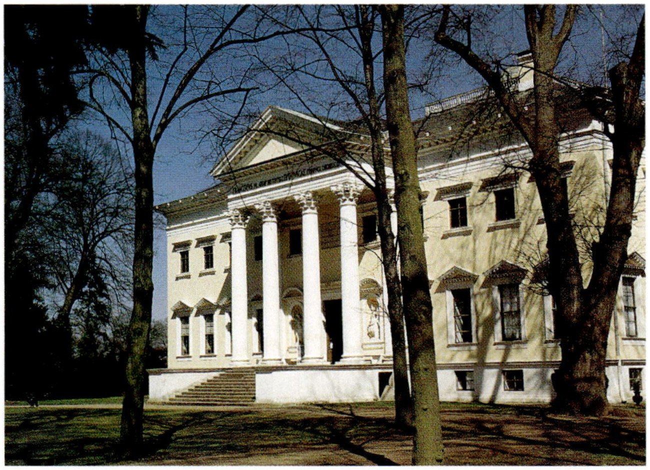

Schloß Wörlitz, 1769-1773 nach Plänen von F. W. von Erdmannsdorff errichtet.

Fürst Leopold Friedrich Franz von Anhalt-Dessau gilt heute unter Historikern als ein wichtiger Repräsentant der Aufklärungsepoche. Ihn verbanden Kontakte mit den bedeutendsten Persönlichkeiten seiner Zeit. Zarin Katharina II. von Rußland war seine Tante, Friedrich der Große sein Nachbar. Franz traf Winckelmann, Rousseau und Napoleon. Goethe und der Weimarer Herzog zählten zu den Stammgästen des Dessauer Fürsten. Doch seine Biographie ist weitgehend unerforscht.

Das auf seine Veranlassung hin begründete Gartenreich von Dessau-Wörlitz zählt heute zum europäischen Kulturerbe und ist in seiner faszinierenden Vielfalt, seiner philosophischen Tiefe und seinem Erhaltungsgrad einzigartig. Gemeinsam mit seinem Architekten und Freund, dem sächsischen Baron Friedrich Wilhelm von Erdmannsdorff, entstand eine pädagogisch ausgerichtete Welt von Gartenbildern, die sich noch heute erleben lassen. Hier liegen die Wurzeln des Klassizismus, der Neugotik und des englischen Landschaftsgartens in Deutschland.

Es wurden soziale Einrichtungen geschaffen und moderne Schulen gegründet. Um die vom Krieg ruinierte Wirtschaft – Anhalt-Dessau zog seine Einnahmen aus der Landwirtschaft – wiederzubeleben, senkte der Fürst Steuern und bot den Gewerben Vergünstigungen. Wichtige Anregungen für seine Reformpolitik empfing Fürst Franz auf Bildungsreisen, die er ab 1763 insbesondere nach England unternahm.

„...erst in England habe ich mit Messer und Gabel umgehen lernen...“

Nach erfolgter Konsolidierung der finanziellen Verhältnisse seines Landes konnte sich Fürst Franz seinem Lieblingsthema widmen: der Landesverschönerung. Im Gründungsjahr der Fabrik Etruria ließ Fürst Franz am 5. April 1769 den Grundstein zum Englischen Landhaus in Wörlitz legen. In den folgenden vier Jahren entstand tatsächlich ein Bauwerk von „edler Einfalt und stiller Größe“ im Sinne Johann Joachim Winckelmanns. Das modernste Haus des europäi-

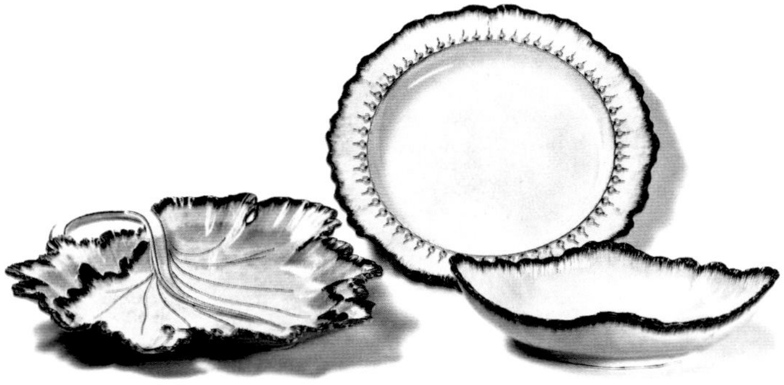

Wedgwood-Fabrik: Drei Teile eines Speiseservices, um 1775, Pearlware.
Marke: Wedgwood. Kulturstiftung Dessau-Wörlitz.
Das Fragment eines Speiseservices, das in ähnlicher Form vielleicht einmal in Wörlitz bestand, konnte 1996 für die Sammlung erworben werden.

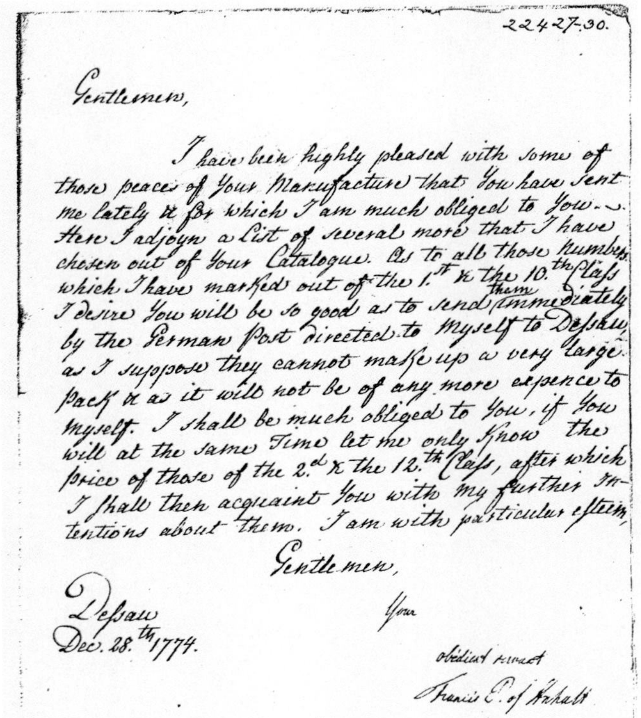

22427-30.

Gentlemen,

I have been highly pleased with some of those peaces of Your Manufacture that You have sent me lately & for which I am much obliged to You. Here I adjoyn a List of several more that I have chosen out of Your Catalogue. As to all those numbers which I have marked out of the 1.st & the 10.th Class I desire You will be so good as to send them immediately by the German Post directed to myself to Dessau, as I suppose they cannot make up a very large Pack & as it will not be of any more expence to myself. I shall be much obliged to You, if You will at the same Time let me only know the price of those of the 2.d & the 12.th Class, after which I shall then acquaint You with my further Intentions about them. I am with particular esteem,

Gentlemen,

Your obedient servant

Francis P. of Anhalt

Dessau
Dec. 28.th 1774.

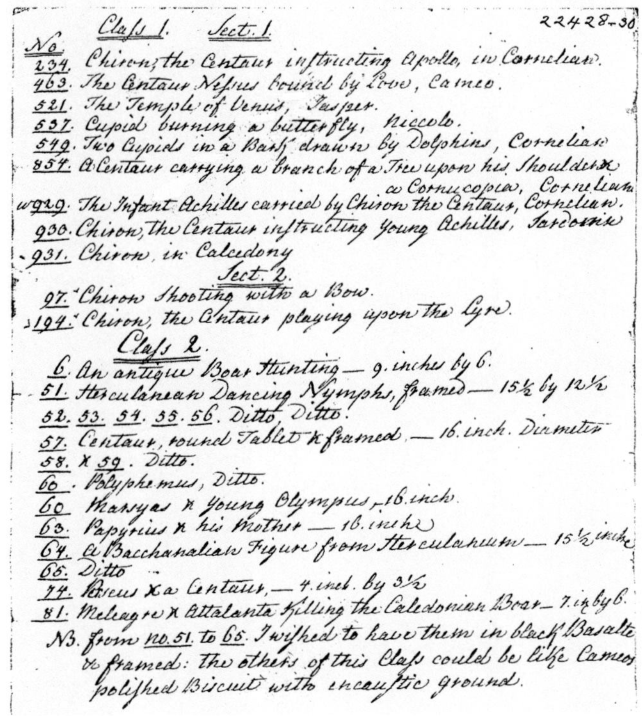

22428-30

Class 1. Sect. 1.

No.
234. Chiron, the Centaur instructing Apollo, in Cornelian.
463. The Centaur Nessus bound by Love, Cameo.
521. The Temple of Venus, Jasper.
537. Cupid burning a butterfly, Niccolo.
549. Two Cupids in a Bark drawn by Dolphins, Cornelian
854. A Centaur carrying a branch of a Tree upon his Shoulder & a Cornucopia, Cornelian
929. The Infant Achilles carried by Chiron the Centaur, Cornelian.
930. Chiron, the Centaur instructing Young Achilles, Sardonix
931. Chiron, in Calcedony

Sect. 2.

97. Chiron shooting with a Bow.
194. Chiron, the Centaur playing upon the Lyre.

Class 2.

6. An antique Boar Hunting — 9. inches by 6.
51. Herculanean Dancing Nymphs, framed — 15½ by 12½
52. 53. 54. 55. 56. Ditto, Ditto.
57. Centaur, round Tablet & framed. — 16. inch. Diameter
58. & 59. Ditto.
60. Polyphemus, Ditto.
60. Marsyas & young Olympus — 16. inch.
63. Papyrius & his Mother — 16. inch
64. A Bacchanalian Figure from Herculaneum — 15½ inch
65. Ditto
74. Perseus & a Centaur, — 4. inch. by 3½
81. Meleager & Attalanta killing the Caledonian Boar — 7. in by 6.

NB. from no. 51. to 65. I wished to have them in black Basalte & framed: the others of this Class could be like Cameos polished Biscuit with encaustic ground.

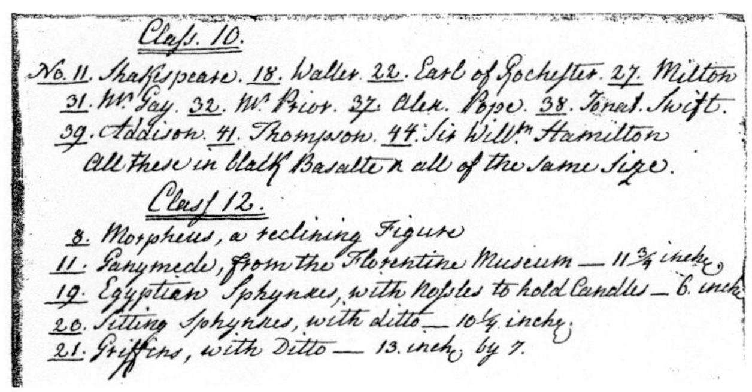

Class 10.

No. 11. Shakespeare. 18. Waller. 22. Earl of Rochester. 27. Milton
31. Mr. Gay. 32. Mr. Prior. 37. Alex. Pope. 38. Jonat. Swift.
39. Addison. 41. Thompson. 44. Sir Willm. Hamilton
All these in black Basalte & all of the same Size.

Class 12.

8. Morpheus, a reclining Figure
11. Ganymede, from the Florentine Museum — 11¾ inch
19. Egyptian Sphynxes, with Nosles to hold Candles — 6. inch
20. Sitting Sphynxes, with ditto — 10½ inch
21. Griffins, with Ditto — 13. inch by 7.

Auszüge aus der Bestellung des Fürsten Franz von Anhalt-Dessau an Wedgwood vom 28.12.1774. Trustees of the Wedgwood Museum.

schen Kontinents, gleichsam Gründungsbau des deutschen Klassizismus, baute man in Wörlitz und nicht in einer Metropole des deutschen Reiches.

Der Bauherr wünschte ein „Englisches Landhaus“ im klassizistischen Stil. Parallel zum Bau des Hauses von 1769 bis 1773 dachten Fürst Franz und Erdmannsdorff über die Ausstattung nach. Grundlegende Vorstellungen dazu hatten beide schon während gemeinsamer Studienreisen nach Italien und England entwickelt. Den Entwürfen Erdmannsdorffs fehlte wohl der „letzte Schliff“, denn er reiste auf Wunsch des Fürsten 1770 erneut nach Rom zu den Quellen antiker Architektur. In ihren Briefen verhandelten Auftraggeber und Baumeister selbst kleinste Details. In Fragen der Bauformen und des Baudekors folgten beide Winckelmann-Schüler ihrem Lehrmeister mit Akribie.

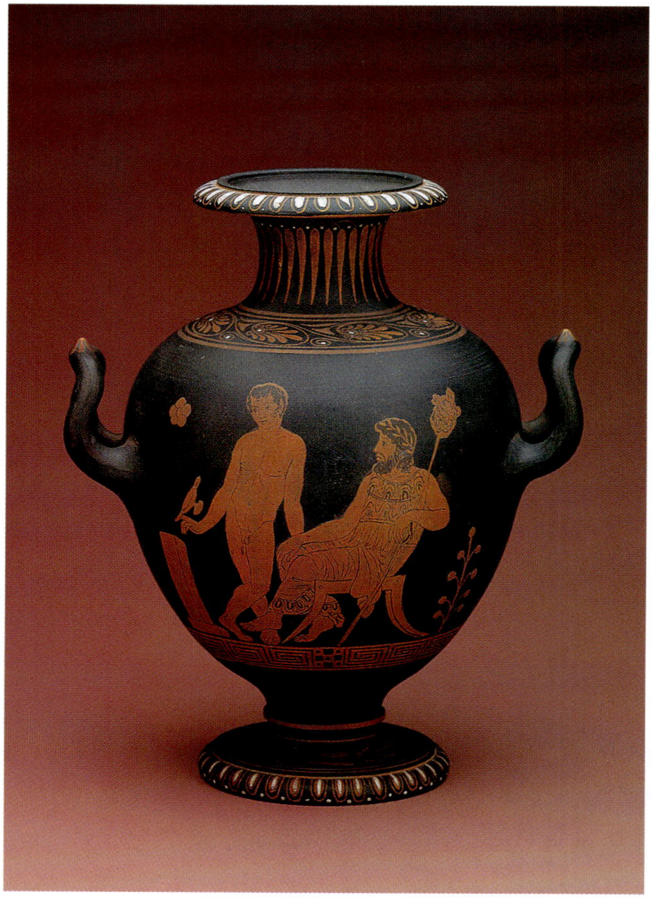

Wedgwood-Fabrik: Hydriavase mit der Darstellung des Bacchus und eines jugendlichen Bacchanten nach dem Vorbild in: Sir William Hamilton, A Collection of Etruscan, Greek and Roman Antiquities, Naples 1766, um 1790, Black Basaltes, rotfigurige Emailmalerei, weiß gehöht, H.: 21,4 cm, Marke: WEDGWOOD, Kulturstiftung Dessau-Wörlitz, Inv. Nr. II-367.

Die Inneneinrichtung des Hauses orientierte sich deutlich an englischen Standards. Aufzug, Eisschrank, Schiebefenster und Wasserleitung durften nicht fehlen. In dieser Beziehung ist das Wörlitzer Landhaus ein wahrhaft mustergültiges Beispiel. Doch die technischen Einrichtungen allein machten noch keine englische Lebenskultur aus.

Gegenüber seinem Biographen äußerte später einmal Fürst Franz: „Bei dem Allen fehlte mir Anmuth und Feinheit, die mir meine Umgebungen nicht mitteilen konnten, weil sie sie selbst nicht hatten. Ich blieb in gewissen Dingen noch ungeschlacht und unmanierlich, denn erst in England habe ich mit Messer und Gabel umgehen lernen."

Tief beeindruckt zeigten sich Fürst und Architekt von den Leistungen der führenden Architekten Englands. Deren Bauwerke zeugten von brillanten Antikekenntnissen und unverkennbaren Zitaten der Architektur des italienischen Renaissance-Architekten Andrea Palladio. Wörlitz ist in dieser Frage ein aufgeschlagenes Musterbuch, angefüllt mit dreidimensionalen Reiseimpressionen.

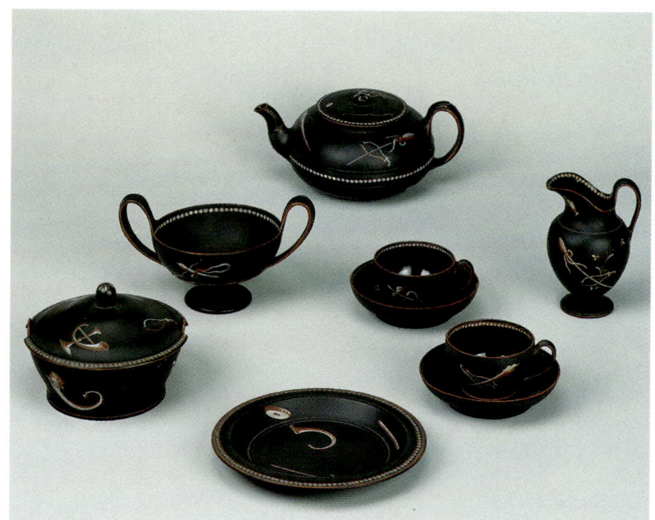

Wedgwood-Fabrik: Teile des Wörlitzer Teeservices, um 1772, Black Basaltes mit enkaustischer Bemalung, ohne Marke.
Das Teeservice aus Black Basaltes ist nach dem bisherigen Forschungsstand weltweit einmalig.

„Freiwillige" vor!

Zur Zeit des Wörlitzer Schloßbaues schmückten Aristokraten in England und Rußland ihre Speisetafeln mit Wedgwood-Geschirr, und auf Kaminen standen „chimney pieces" genannte Aufsätze aus Black Basaltes von Wedgwood & Bentley. Zwei der wichtigsten Kundinnen waren deutsche Prinzessinnen: Königin Charlotte von Großbritannien stammte aus dem Hause Mecklenburg-Strelitz; Kaiserin Katharina von Rußland stammte aus dem Hause Anhalt-Zerbst.

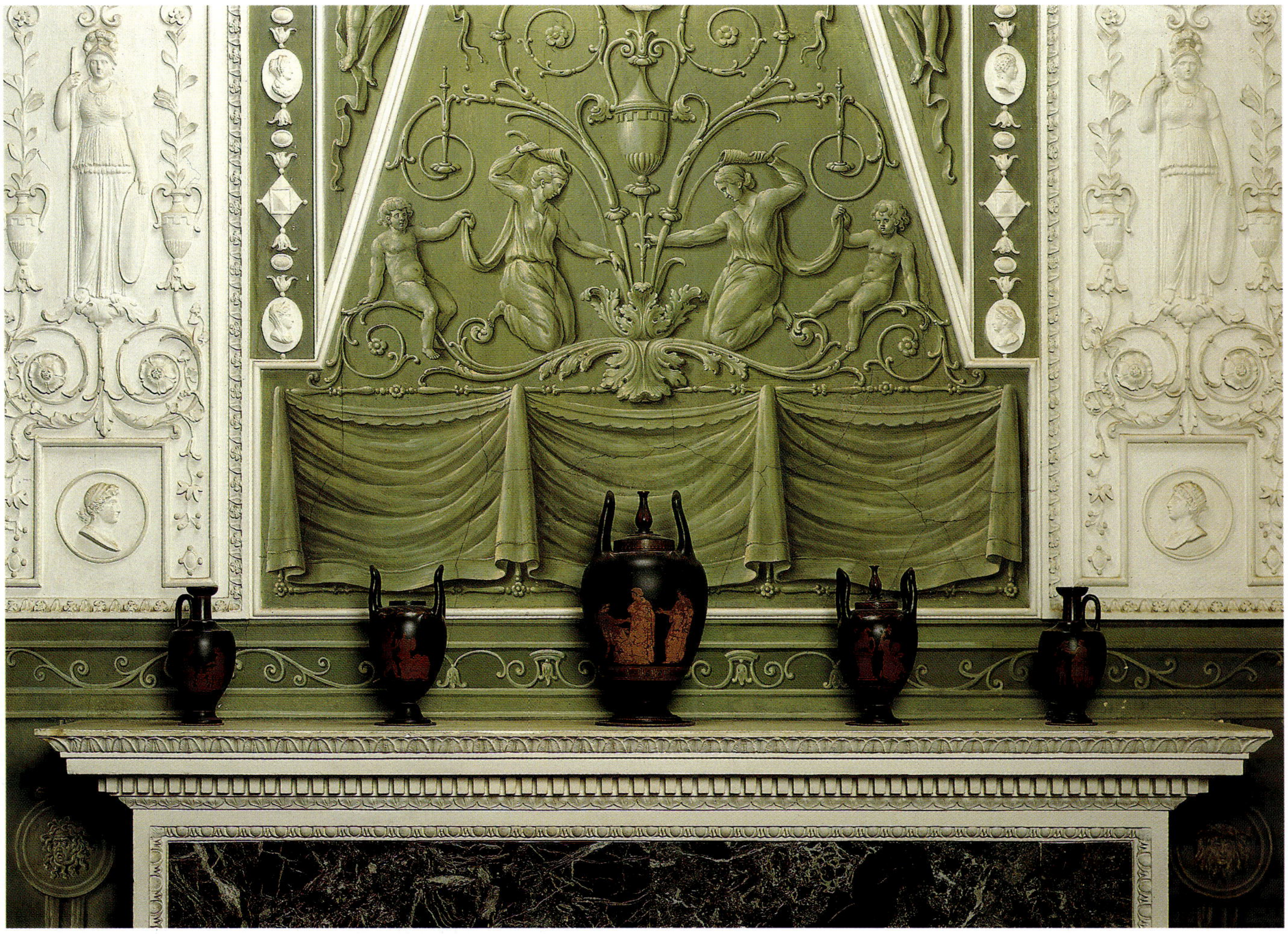

Wedgwood-Fabrik: Antikisierende Gefäße als Kamingarnitur im Speisesaal des Wörlitzer Schlosses, um 1775 entstanden, Black Basaltes, alle ohne Marke. Kulturstiftung Dessau-Wörlitz, Inv. Nr. II-312, 315, 316 (H: 35,7 cm), 314, 313.

Wedgwood visierte den deutschen Markt an, doch wie sollte er mit zahlungskräftigen deutschen Kunden in Verbindung treten?

Der ansonsten höchst vorsichtig handelnde Unternehmer entwarf hierzu einen spektakulären Plan. Er sah vor, unaufgeforderte Mustersendungen, sogenannte „Freiwillige“ (volunteers), an deutsche Aristokraten zu schicken. Über das englische Königshaus kam der Hoflieferant leicht an entsprechende Adressen, und seine zufriedenen Kunden fertigten gern Empfehlungsschreiben aus. Kein Produzent vor Wedgwood hatte jemals eine vergleichbare Idee entwickelt!

Josiah Wedgwood war von Zweifeln zerrissen, denn es war ein unglaubliches Risiko, die kostbare und zerbrechliche Ware freiwillig zu versenden. Wie sollte die Bezahlung geregelt werden? Wer garantierte für die Rückgabe bei Nichtgefallen? Wer sollte gegebenenfalls Aufträge entgegennehmen? Wie wollte man die Kunden über aktuelle Angebote informieren? Wedgwood entschied sich für diesen einzigartigen Plan, denn es war „fast der einzige Weg, auf dem unsere Waren in solche Familien gelangen können“. Kurz darauf bestimmte er resolut: „Dieses Projekt ist tatsächlich groß & ich habe grundsätzlich vor, es beherzt bis zur äußersten Grenze der Vorsicht oder sogar darüber hinaus durchzuziehen…“

Ein Musterpaket schickten Wedgwood & Bentley im Mai 1772 nach Dessau. Der Bau des Wörlitzer Landhauses war in vollem Gange. Es war eine Sendung ins Ungewisse, denn persönlich gekannt haben sich der Fürst von Dessau und Wedgwood wahrscheinlich nicht. Fürst Franz war seit seiner zweiten Reise in englischen Familien wohl bekannt und galt in Deutschland als ein Multiplikator der englischen Kultur. Vermutlich vermittelte ein zufriedener englischer Kunde die Adresse.

Die Qualität der erhaltenen Keramik entsprach genau den Vorstellungen des Fürsten. Im Archiv der Wedgwood-Fabrik konnte der erste Brief aus Dessau an Wedgwood entdeckt werden. Der Inhalt des Schriftstücks ist so interessant, daß er an dieser Stelle vollständig veröffentlicht wird:

„Dessau, den 4. Juli 1772

Meine Herren,

In Beantwortung Ihres Briefes vom 26. Mai muß ich Sie darauf hinweisen, daß das Porzellan, das Sie mir gesandt haben, schon vor einigen Wochen angekommen ist. Indessen zwingt mich die Situation, in die uns die Hungersnot, die dieses Land niederdrückt, gebracht hat, im Augenblick nur an das Notwendigste zu denken und jede Art von überflüssiger Ausgabe zu vermeiden. Ich kann Ihnen deshalb noch keine positive Entscheidung geben, ob ich einige Anschaffungen von Porzellan Ihrer Manufaktur tätigen kann, das Sie mir liebenswürdigerweise angeboten haben. Wenn ich an etwas festhalte, dann denke ich immer, daß ich eine Garnitur Gefäße zum Dessert bestimmt, wählen würde, die aber noch nicht ganz meinem Geschmack entsprechen. Ich muß Sie noch hinsichtlich der letzten benachrichtigen, daß mehrere Stücke zerbrochen vorgefunden worden sind, als die Kiste geöffnet wurde. Ich erwarte bitte, meine Herren, daß Sie mir angeben wie Sie wünschen, wie ich mit all dem verfahre, was ich von Ihrer Sendung nicht behalten kann und ich werde Sorge tragen, daß man dementsprechende Maßnahmen ergreift.

Meine Herren
mit Hochachtung,
Ihr gehorsamer
L. F. Francois P. d'Anhalt"

Ohne Wissen lieferten Wedgwood & Bentley die Ware zu einem ungünstigen Augenblick nach Dessau. Im Sommer 1770 vernichtete ein katastrophales Hochwasser der Elbe fast die gesamte Ernte des Landes. Die Verluste wogen besonders schwer, denn die Haupteinnahmen des Landes wurden aus der Landwirtschaft bezogen. Durch die daraus entstandene Hungersnot sah sich auch der Fürst zu strengen Sparmaßnahmen gezwungen.

Die Mustersendung von Wedgwood & Bentley verfehlte unterdessen ihr Ziel trotz der herrschenden Nöte nicht. Man hatte einen der zufriedensten deutschen Kunden gewonnen. Fürst Franz blieb sein Leben lang dem Unternehmen und dessen Produkten treu. Die einmal entstandenen Geschäftskontakte lassen sich über mehrere Jahrzehnte nachweisen.

Die Wörlitzer Wedgwood-Sammlung umfaßt 105 historische Objekte. Erhalten geblieben sind alle Wedgwood-Ziergegenstände des Schlosses. Das Gebrauchsgeschirr ist seltener, doch von erlesener Qualität. Die Sammlung konnte kürzlich durch den Ankauf eines zeitgenössischen Queens-Ware-Services aus dem Antiquitätenhandel bereichert werden.

Die historische Wedgwood-Sammlung im Wörlitzer Schloß

Während der Grand Tour besuchten Fürst Franz, sein Hofmarschall Georg Heinrich von Berenhorst und der Architekt Friedrich Wilhelm von Erdmannsdorff in Neapel den englischen Gesandten Sir William Hamilton. Von Berenhorst notierte im Reisejournal: „Eine der angenehmsten Bekanntschaften, die wir gemacht haben, ist die des Sir William Hamilton und der Lady Hamilton, seiner Gattin (...) Er legt sich zur Zeit eine Sammlung etrurischer und griechischer Vasen an, die er dereinst für das britische Museum in London bestimmt, und er hat für seinen Zweck schon reiche Schätze erworben."

Der Architekt von Erdmannsdorff machte sich folgende Tagebuchnotizen: „Der englische Gesandte Mr. Hamilton hat es verstanden, in Neapel innerhalb kurzer Zeit eine Sammlung etruskischer Vasen zu erwerben, wie man sie schöner kaum finden wird. Man nennt die Vasen gemeinhin etruskisch, obwohl sie sehr wahrscheinlich griechisch sind (...) Diese Vasen findet man zumeist in Bari und in Nola, letztere sind wegen ihrer feinen Glasur vorzuziehen. Auch findet man welche in Campana, doch sind sie plumper. Man sieht viele von sehr gelungener Form, und auf mehreren vermitteln die Figuren eine Vorstellung der für die Griechen charakteristischen schönen Zeichnung."

Das Interesse an antiker Gefäßkeramik war bei den Dessauern durch die Hamilton-Sammlung geweckt worden. Der Diplomat ließ gerade die oben erwähnte Publikation seiner „Collection of Etruscan, Greek and Roman Antiquities..." anfertigen. Dadurch stürzte er sich fast in den Ruin, denn die Anfertigung der Kupferstiche verschlang viel Geld. Um finanziell wieder auf die Beine zu kommen, versuchte Hamilton seine Vasen den bedeutendsten Antikensammlern zu verkaufen.

Friedrich der Große bekam ein Angebot – er lehnte aus finanziellen Gründen ab. Schließlich gelangten die kostbaren Stücke 1772 nach London und bildeten den Grundstock der heute noch bestehenden Vasen-Sammlung des Britischen Museums.

Später äußerte sich Sir William Hamilton gegenüber der Gräfin Lichtenau, der einflußreichen Mätresse des preußischen Königs Friedrich Wilhelm II., sehr selbstbewußt: „Zwei Jahre nach dem Ankauf hat Herr Wedgwood im Parlament nachgewiesen, daß er durch die Nachbildung (meiner) der Vasen in seiner Manufaktur dreimal mehr Geld in unser Land gebracht habe, als die Sammlung die Nation gekostet hat." Tief beeindruckt reisten die Dessauer aus Italien ab und besuchten im Anschluß daran England. Gerade der unmittelbare Vergleich von antiker Kunst in Italien und ihrer klassizistischen Umsetzung in England faszinierten Franz und Erdmannsdorff.

Den Grundstein zum Wörlitzer Landhaus legten Fürst Franz und von Erdmannsdorff 1769 gemeinsam. Bei der Planung der Innenräume ließ sich Erdmannsdorff von den gesehenen Beispielen in englischen Schlössern inspirieren.

„Hetrurische Gefäße aus der Wedgwood und Bentley'schen Fabrike"

Das Wörlitzer Landhaus war bereits seit 1773 für interessierte Besucher geöffnet. Studenten aus der Schweiz berichteten ebenso begeistert über ihre Eindrücke wie Johann Wolfgang von Goethe: „Hier ists ietzt unendlich schön. Die Götter haben dem Fürsten erlaubt einen Traum um sich zu schaffen..."

Den ersten Hinweis auf die Wörlitzer Wedgwood-Sammlung gab August Rode, der Verfasser der besten zeitgenössischen Reiseliteratur über Anhalt-Dessau. Er war Prinzenerzieher, Kabinettsrat und für die Privatkorrespondenz des Fürsten zuständig. 1788 veröffentlichte er den ersten gedruckten Wörlitz-Führer. Zeitgenossen erwarteten schon lange die „Beschreibung des Fürstlichen Anhalt-Dessauischen Landhauses und Englischen Gartens zu Wörlitz". Eigens dazu hatte Fürst Franz aus der mit Dessau befreundeten Residenz Weimar den berühmten Zeichner Georg Melchior Kraus als Illustrator erbeten.

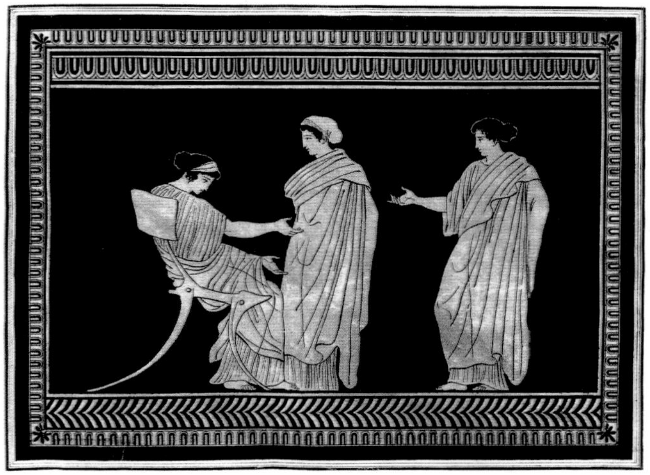

Das Vasenbild aus: Sir William Hamilton, A Collection of Etruscan, Greek and Roman Antiquities, Naples 1766, zeigt deutlich die interessante Form eines Stuhls aus klassischer Zeit, welches die Bildende Kunst des 18. Jahrhunderts in besonderem Maße beeinflußte.

Ausführlich widmete sich Rode der Architektur des Schlosses und seiner Ausstattung. Im eindrucksvollen Speisesaal bemerkte er: „Die beiden Kamine haben eine serpentino antico nachahmende Einfassung von Stuk. Auf dem weissen Gipsgesimse derselben ist ein Aufsatz von nachgemachten sogenannten Hetrurischen Gefässen aus der Wedgwood und Bentley'schen Fabrike in England."

Fürst Franz ließ sich von den sogenannten „chimney pieces" in englischen Landhäusern anregen, als er Erdmannsdorff bat, etwas Ähnliches auch in Wörlitz auszuführen. Bei der Auswahl der Gefäße für den Speisesaal spielte die bereits erwähnte Bekanntschaft der Dessauer mit Sir William Hamilton eine große Rolle. Vorzügliche Kopien aus Black Basaltes nach den Originalen der berühmten Sammlung lieferte Wedgwood nach Wörlitz.

Die rotfigurig bemalten Vasen stehen auf beiden Kaminen des Speisessaales. Eine Gruppe von fünf Gefäßen befindet sich auf dem rechten Kamin. Das größte von ihnen fällt wegen seiner eleganten Umrißform und interessanten Bemalung sofort ins Auge. Wedgwood töpferte nach gleichem Modell die bereits erwähnte „First-Day's-Vase" in Etruria. Es handelt sich um eine sogenannte Lebesgamykos (ein griechisches Hochzeitsgefäß). Die figürliche Darstellung in Wörlitz ist der Publikation der Hamilton-Sammlung entnommen. Die Szene deutet man als Frauen aus der sagenhaften römischen Geschichte: Volumnia, Gattin des Feldherren Coriolanus, und zwei ihrer Begleiterinnen.

Sehr interessant ist ein bislang noch nicht beachtetes Detail der Vasenmalerei. Volumnia sitzt auf einem sehr eleganten Stuhl. Das Sitzmöbel beflügelte die Phantasie der klassizistischen Kunstliebhaber sehr stark. Das führte dazu, daß Fürst Franz seine Tischler beauftragte, Stühle mit diesem außergewöhnlichen Umriß anzufertigen. Speziell für die Ausstattung der Villa Hamilton in Wörlitz, von der später noch die Rede sein wird, entstanden um 1794 erste Möbel in dieser Form. Es ist kein Zufall, daß Friedrich Rehberg im gleichen Jahr ein bezauberndes Porträt der berühmten

Lady Emma Hamilton zeichnet. Die Schöne sitzt in einem antikisierenden Stuhl, der dem Vasengemälde nachempfunden scheint. Erst 15 Jahre später werden durch das Empire ähnliche Stücke über ganz Europa Verbreitung finden.

Der linke Kaminaufsatz des Speisesaales besteht ebenfalls aus antikisierenden Black Basaltes-Objekten. In der Mitte der Gruppe stehen drei besonders schöne Krater-Vasen. Die Bemalung hat ihre Vorbilder ebenfalls in der Hamilton-Publikation. Fürst Franz ließ sich in einzigartiger Weise von der Hamilton-Sammlung und von Wedgwoods Erzeugnissen anregen. Er verwendete die Kunstwerke in ganz neuen Zusammenhängen. Das größere Gefäß werden wir später in der Wandmalerei des Wörlitzer Flora-Tempels wiederfinden. Das Bildmotiv des kleinen rechten Kraters kann man im Neapel-Zimmer des Schlosses Luisium sehen.

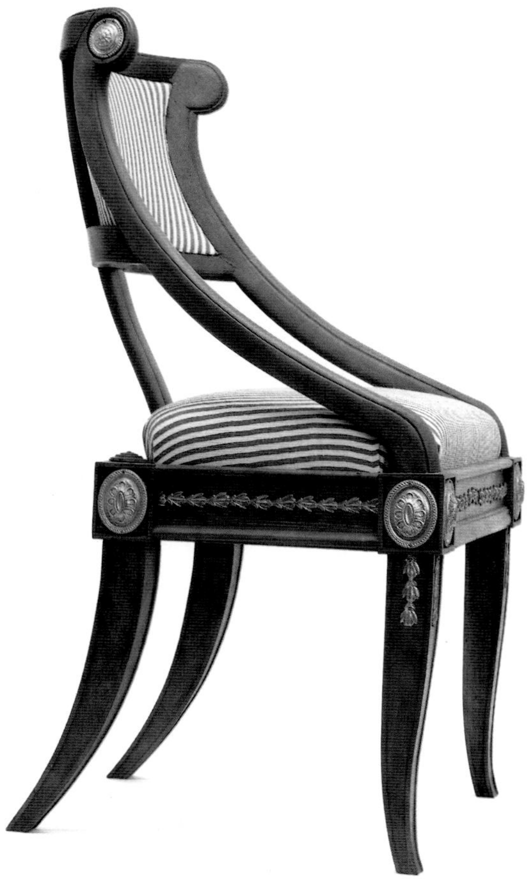

Stuhl aus dem Kaminzimmer der Villa Hamilton in Wörlitz. Um 1794, Birne, feuervergoldete Bronzebeschläge, moderner Bezug nach historischem Muster. Kulturstiftung Dessau-Wörlitz, Inv. Nr. III-409.

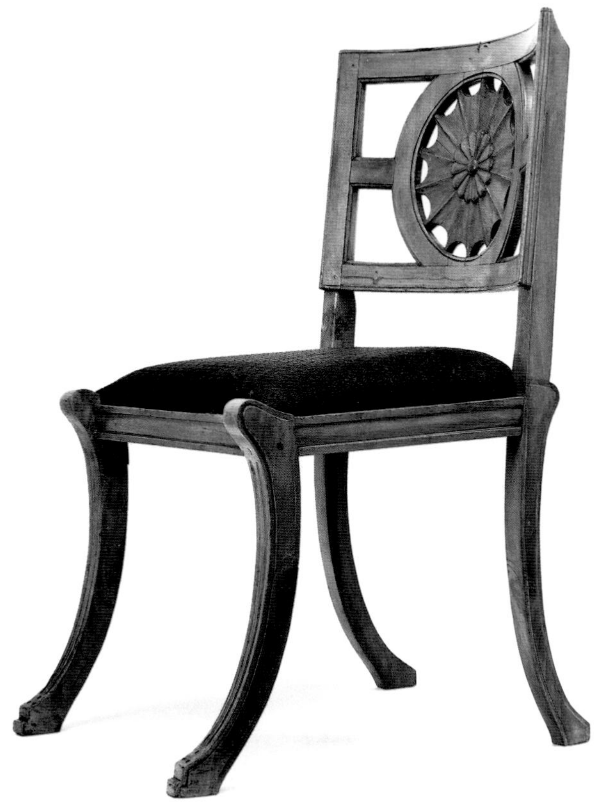

Stuhl aus dem Zimmer des Prinzen Albert, Bruder des Fürsten von Anhalt-Dessau. Schloß Wörlitz, um 1788, Birne, Roßhaarbezug. Kulturstiftung Dessau-Wörlitz, Inv. Nr. III-408.
Die Form des Stuhles wurde deutlich von seinem Vorbild in den „Etruscan, Greek and Roman Antiquities" beeinflußt.

Wedgwood erntete nicht ausschließlich Lob für seine Kunst. Er berichtete aufgebracht über den Besuch eines Kunden an Bentley: „...Lord

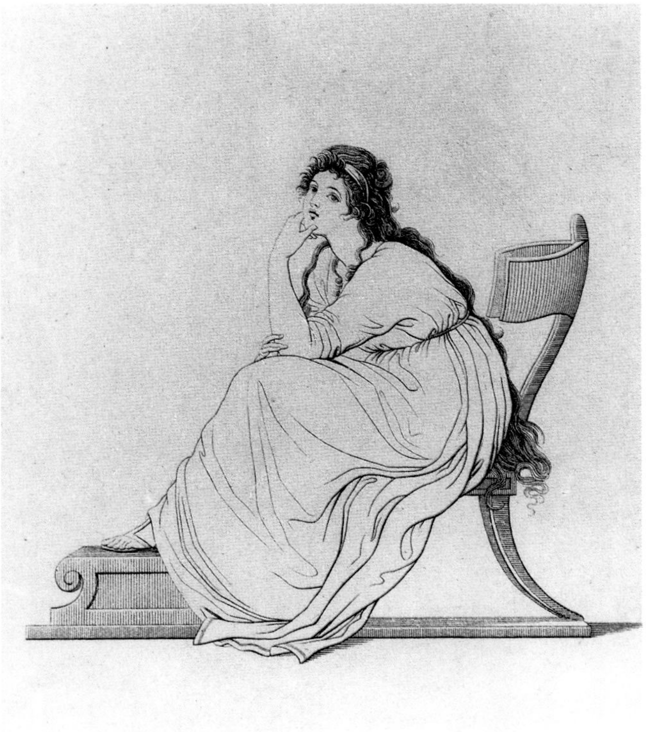

T. Piroli nach F. Rehberg: „Lady Emma Hamilton. Dritte Figur. Sie sitzt auf einem Stuhle...das Ansehen einer verliebten Träumerin."
Aus: Attitüden der Lady Hamilton dargestellt auf 13 Kupfertafeln, Leipzig im Industrie-Comptoir 1805.
Rehberg veröffentlichte seine Attitüden bereits 1794 mit englischem Text, so könnten durchaus die Wörlitzer Möbel nach neapolitanischem Vorbild entstanden sein.
Von Erdmannsdorff hatte sie gewiß 1790 während seines Aufenthaltes dort selbst gesehen.

Mount Stuart (...) sagte in seiner hochmütigen Art, daß alles teuer sei und daß er genug gesehen habe, und als sein Bruder und Sir Alexander sagten, daß unsere Vasen die antiken in Schönheit und Vielfalt überträfen, sagte seine Lordschaft, ja, aber wir wissen, daß sie nicht antik sind, und das macht sie wertlos." Ganz entrüstet rief Wedgwood: „Welch Gesinnung!!"

Wie angenehm war doch da das Lob, das den Unternehmer aus Neapel erreichte. Sir William Hamilton schrieb: „Es ist mir eine unendliche Genugtuung, wenn ich darüber nachdenke, daß ich in gewisser Weise ein Instrument war bei der Einführung eines reineren Geschmacks bezüglich Formen und Verzierungen durch die Aufstellung meiner Sammlung von antiken Altertümern im Britischen Museum. Aber ein Wedgwood und ein Bentley waren notwendig, um diesen Geschmack so universal zu verbreiten, und aufgrund ihrer liberalen Gesinnung und ihres Fleißes hat sich in der Gegenwart ein so guter Geschmack in England durchgesetzt. Ich habe und ich werde ihnen immer diese Gerechtigkeit widerfahren lassen."

„...send me ...Vases etc. of Your elegant Manufacture..."

Folgen wir nun August Rodes Rundgang durch den Wörlitzer Speisesaal, dessen festlichen Charakter vier korinthische Säulen unterstreichen. Sie sondern das Büffet vom eigentlichen Saal ab. Ein hier vorhandenes Fenster beleuchtet den Raum zusätzlich und macht ihn förmlich transparent. Die repräsentativen Flächen hinter den Säulen nutzte von Erdmannsdorff für die Präsentation von Wedgwood-Vasen. „An den Wänden zu beiden Seiten des Fensters sind Consolen von Gips angebracht, welche die Gestalt von Blasehörnern, Blumenkörben, Blumenkelchen und Masken haben, und mit Weinreben, woran Crotalen und Panflöten hangen, umschlungen sind. Sie tragen allerlei Gefässe sowol von Porzellan selbst, als auch von einer Porzellan- oder Marmorähnlichen Masse aus erwähnter Wedgwood- und Bentley'schen Fabrike in England."

Es handelt sich bei den von Rode erwähnten Gefäßen um besonders erlesene Kunstwerke. In Europa war es Mode, die Innenräume mit prachtvollen Steinvasen zu dekorieren. Achat, Marmor, Porphyr, Serpentin, Malachit und Granit ließen sich nur mühsam bearbeiten. Wedgwood erkannte seine Chance, mit neuer qualitätvoller Ware den Markt erobern zu können. Hier kamen ihm seine reichen Kenntnisse in der Herstellung von Glasuren zugute. Aus Sammlungspublikationen und Musterbüchern der Gold- und Silberschmiede entnahm er modische Formen für seine Produkte und übertrug sie auf seine Queens Ware. Er nennt sie „Pebble and Gilt". Luxusartikel dieser Art in Wedgwood-Keramik herzustellen, erwies sich als voller Erfolg.

Steinimitierende Wedgwood-Gefäße sind heute sehr selten. Die Wörlitzer Sammlung umfaßt sechzehn Objekte in überzeugender Qualität und ist in ihrer originalen Aufstellung erhalten. Sehr interessant ist die Entwurfszeichnung Erdmannsdorffs für

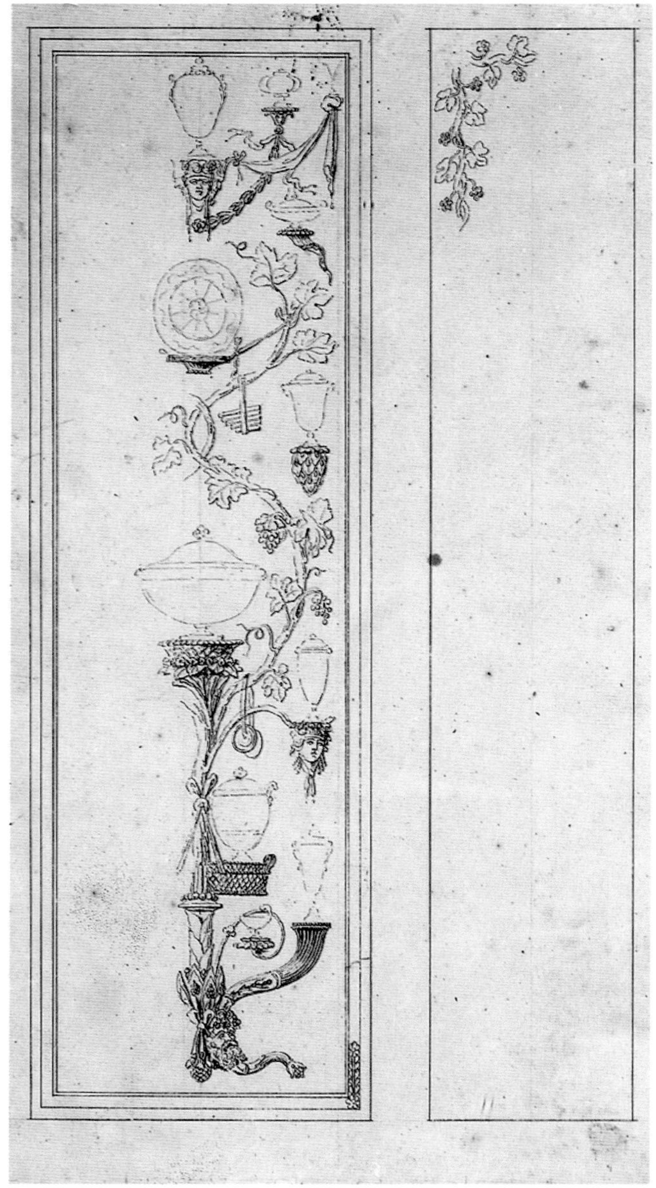

Friedrich Wilhelm von Erdmannsdorff: Entwurf zur Konsolwand der Anrichtenische im Speisesaal des Wörlitzer Schlosses.
Anhaltische Gemäldegalerie Dessau, um 1771.
Nach Erdmannsdorffs Entwurf entstand im Wörlitzer Schloß eine Präsentationswand für antikisierende Keramik.
Die Wörlitzer Stuckornamente gehen auf ein Vorbild in der römischen Kirche S. Maria della Pace zurück.

die Gipskonsolen des Speisesaales. Sie entstand noch vor dem Erwerb der Stücke und sieht bereits die Aufstellung antikisierender Vasen vor. Eine derart an den Innenraum gebundene Verwendung von Wedgwood-Erzeugnissen ist in Deutschland kein zweites Mal bekannt.

Von den Erzeugnissen aus sogenannter Porphyry Ware existiert in Wörlitz jeweils ein Paar. In der Mitte der Konsolwand steht an hervorgehobener Stelle eine monumentale Deckelvase mit reicher Vergoldung und Medaillon. Sie gibt die berühmte Heldentat „Herkules erwürgt den nemeischen Löwen" wieder. Ganz ausgewogen in ihrer Form erscheint die Deckelvase mit den vergoldeten Satyrmasken. Interessant ist, daß allein von dieser Form drei Größen in Wörlitz vorhanden sind, zwei in „Pebble and Gilt" und eine in Black Basaltes.

Im „Shape Book" ließ Josiah Wedgwood alle in der Fabrik angewendeten Umrißformen von Vasen festhalten. Er schuf somit ein verbindliches Musterbuch für seine Mitarbeiter. Die Wörlitzer Vase ist hier unter „Nro. 1" eingetragen.

Sehr elegant wirkt die teilvergoldete schlanke Kanne aus Porphyry Ware. Ganz ähnliche Gefäße waren bereits in der Antike bekannt. Die gleiche Form ist in Wörlitz auch in einer Black Basaltes-Ausführung vorhanden. Glücklicherweise ist sogar der entsprechende Brief des Fürsten Franz an Wedgwood mit der Bestellung der edlen Ware erhalten geblieben. Es handelt sich um ein entscheidendes Dokument, das die Wörlitzer Sammlungsgeschichte erhellt:

„Sehr geehrte Herren,
ich bin mir nicht sicher, aber vielleicht können Sie sich gut daran erinnern, daß Sie mir vor zwei Jahren eine Auswahl an verschiedenen Vasen Ihrer eleganten Manufaktur zugesandt haben. Ich war höchst zufrieden damit und stellte sie zusammen mit denen, die Sie an den Fürsten von Anhalt-Coethen schickten und der sie mir alle überließ, zur Verzierung meines Landhauses auf. Ihre Manu-faktur hat sich seither gewaltig gesteigert & ich hörte davon, daß Sie eine bewundernswerte Anzahl von verschiedenen dekorativen Artikeln im antiken Stil herstellen. Ich wünsche mir verschiedene Dinge zu sehen und ich wünschte, Sie wären so gut und würden mir zusammen mit Ihrem Katalog einige Proben an Lampen & Kandelabern & auch einige dieser Thee Tassen, Caffee-Tassen, Zucker Schüsseln, Creme Kannen, Kabinett Tassen, Untertassen oder soetwas wie die Steinimitationen von Achat, Jaspis oder Porphyr, so daß das Ganze nicht mehr als zwanzig oder dreißig Guineas kostet. Ich werde mich auf Ihren eigenen Geschmack bei der Auswahl der elegantesten Stücke verlassen. Ich möchte nur meinen Wunsch andeuten, daß Sie etwas Verwendbares für die Ausschmückung eines Damenzimmers auswählen möchten. Falls Sie können, legen Sie dazu einige Kabinett Bilder & Bas Reliefs, ich wäre Ihnen dafür sehr verpflichtet...

Meine Herren
Ihr gehorsamer Diener
L. F. Franz, Fürst von Anhalt
Dessau, 13. Juni 1774."

Die fürstliche Bestellung wurde selbstverständlich umgehend geliefert, zur größten Zufriedenheit des Kunden.

„...we may continue to make black Teapots..." Das Wörlitzer Tee-Service

Mit der erbetenen Sendung gelangte ein einzigartiges Teeservice aus Black Basaltes, das in keiner anderen Sammlung der Welt vorhanden ist, in den Haushalt der Fürstin Luise. Geht man generell von der hohen Bruchanfälligkeit der Keramik aus, dann ist es ein Wunder, daß immer noch 24 Einzelteile erhalten sind.

Black Basaltes wurde relativ selten für Gebrauchsgeschirr verwendet. Zu Unrecht, wie das edle Wörlitzer Teeservice zeigt. Die Gebrauchseigenschaften der Keramik mußten verbessert werden, denn bislang wurde das Material mit seiner seidig glänzendenen Oberfläche eher mit schwarzlackierten Gefäßen, polierten Basaltfiguren oder antiken Bronzen verglichen. Goß man Tee in Basaltes-Gefäße, brachte das die Gefahr mit sich, daß sich bald ein brauner Belag im Inneren bildete. Josiah Wedgwood konnte rasch Abhilfe schaffen. Er ließ das Geschirr innen mit einer Glasur versehen, auf diesem Gebiet war er bekanntermaßen der führende Experte. Die zeitlos schönen Umrisse der Tassen, Teekannen und Teller gehen von den Formen aus, die im Porzellan und Silber derzeit in Mode waren. Zudem variierte Wedgwood seine eigenen Produkte aus Queens Ware, wie der hübsche Sahnegießer zeigt.

Ganz und gar antiken Formen verpflichtet ist die Schale in Form eines Kantharos. Vielleicht diente sie als Konfektschale auf der festlichen Tafel im Wörlitzer Landhaus. Bemalt sind alle Teile des Wörlitzer Services in enkaustischer Manier mit den Attributen antiker Götter. Die heiteren Motive entsprechen den Neigungen ihrer Besitzerin: Pfeil und Köcher sind Attribute Amors, verschiedene antike Musikinstrumente verweisen auf die musischen Interessen, der Tyrsosstab des Bacchus symbolisiert ausgelassene Feierlichkeiten.

Wedgwood & Bentley sorgten sich beständig um die Entwicklung der Mode und versuchten, auf kleinste Veränderungen einzugehen. „...Danke für Deine Entdeckung bezüglich der schwarzen Teetassen. Ich hoffe weiße Hände werden weiterhin in Mode bleiben & dann werden wir weiterhin schwarze Teetassen herstellen, bis wir eine andere Aufgabe finden..." schrieb Josiah Wedgwood an seinen Partner Thomas Bentley am 26. Dezember 1772.

Fürstin Luise und Fürst Franz waren bekannt für ihren englisch geprägten Lebensstil. 1775 reisten beide gemeinsam nach London und Bath. Ziel der Fahrt war es, in England eine geeignete Erzieherin für den Erbprinzen Friedrich zu finden. In London machte der Fürst die Bekanntschaft mit den deutschen Wissenschaftlern Johann Reinhold und Georg Forster. Er besuchte beide in deren Wohnung in London, Percy Street Nr. 16. Nur wenige Straßen entfernt hatte Wedgwood seine „Show Rooms" etabliert.

Einige Jahre später traf Forster jun. den Fürsten in Wörlitz wieder. Er referierte vor aufmerksamen Zuhörern über seine Erlebnisse in der Südsee und schrieb aus Wörlitz an seinen Vater 1779: „...Hier habe ich (...) mit dem Fürsten en famille gelebt (...) des Morgens frühstückten wir beisammen, die Fürstin schenkte uns Thee ein..." Ob man vielleicht das Teeservice aus Black Basaltes benutzte?

Nicht allein Weltreisende erfreuten sich der Gastfreundschaft des Fürsten von Anhalt-Dessau. Aristokraten aus den bedeutendsten Häusern Europas, Gelehrte und Künstler besuchten das moderne Haus in Wörlitz und bewunderten dessen unübertreffliche Innenarchitektur. In das Konzept der wichtigsten Gesellschaftsräume ließ Fürst Franz bewußt Wedgwood-Erzeugnisse einbeziehen. Die eleganten Vasen und Kleinplastiken waren für ihn der Inbegriff englischer Lebensqualität.

Dem Speisesaal folgt das Erste Langzimmer. Es ist in seiner Einrichtung ganz den Eindrücken des Italien-Erlebnisses verpflichtet. Wertvolle Gemälde stammen von italienischen Künstlern oder reproduzieren weltberühmte Bilder, wie die „Schlummernde Venus" nach Tizian oder zwei bedeutende Veduten von Canaletto an der Kaminwand belegen.

Die Malereien der Decke haben ihre Vorbilder in den Fresken der wiederentdeckten antiken Stadt Herculaneum. Den Kamin ließ von Erdmannsdorff in Italien anfertigen, der Kaminaufsatz aber ist eine vorzügliche Arbeit von Josiah Wedgwood. Dazu heißt es bei Rode 1788: „Der Kamin ist von weißem Italiänischen Marmor, und mit Laubwerk, Eyern und Zahnschnitten und Fusaruoli verziert. Der Aufsatz auf demselben besteht aus Gefässen, Leuchtertragenden Sphinxe, und aus einem Ganymed 6-8 Zoll hoch; alles insgesamt von schwarzer Basaltähnlicher Masse, aus der Wedgwood- und Bentley'schen Fabrike."

„...a Ganymede with an Eagle for the Prince of Anhalt-Dessau..."

Schon kurz nach der Einweihung des Wörlitzer Landhauses schickte Fürst Franz an Wedgwood & Bentley einen umfangreichen Auftrag. Der zum Glück erhaltene Brief wird an dieser Stelle vollständig wiedergegeben:

„Meine Herren,
ich war hocherfreut über einige jener Stücke aus Ihrer Manufaktur, die Sie mir kürzlich übersendet haben und für die ich Ihnen sehr verbunden bin. Ich füge Ihnen hier eine Liste einiger weiterer an, die ich aus Ihrem Katalog gewählt habe.

Für alle die Nummern, die ich aus der 1. und 10. Klasse markiert habe, ersuche ich Sie, so gut zu sein und sie unverzüglich mit der Deutschen Post an mich adressiert nach Dessau zu übersenden. Ich nehme an, Sie können kein sehr großes Paket machen und es wird für mich keine

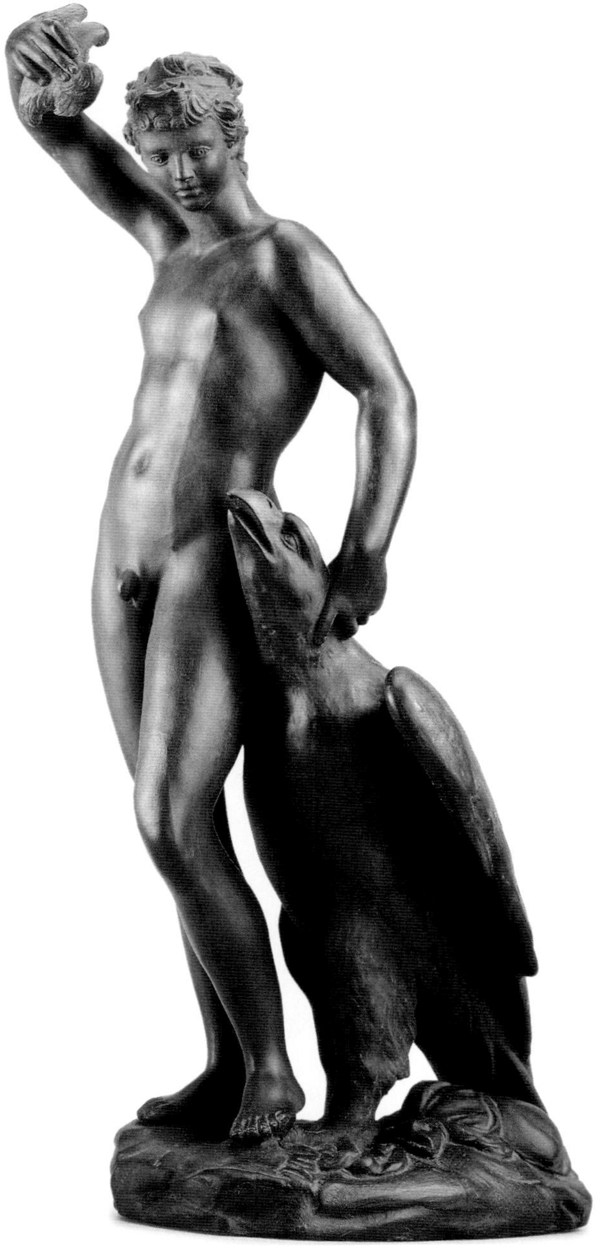

Wedgwood-Fabrik: Ganymed mit dem Adler, verkleinerte Kopie, 1774, Black Basaltes, H: 30,2 cm, ohne Marke. Schloß Wörlitz, Erstes Langzimmer. Kulturstiftung Dessau-Wörlitz, Inv. Nr. II-408.
Das einzigartige Stück wurde für den Dessauer Fürsten 1774 extra nach dem berühmten Vorbild des italienischen Bildhauers Cellini in Etruria hergestellt.

weiteren Kosten bringen. Ich wäre Ihnen sehr verbunden, wenn Sie mich gleichzeitig die Preise der 2. und 12. Klasse wissen lassen können, wonach ich Sie dann über meine weiteren Absichten unterrichten werde.

Ich bin voller Hochachtung
Ihr ergebener Diener
Francis P. of Anhalt
Dessau, Dec. 28.th 1774"

Nun folgt als Anlage des Briefes eine umfangreiche Bestellung, die für die Geschichte der Wörlitzer Wedgwood-Sammlung von größter Bedeutung ist:

„Class. 1 Sect. 1 No
234. Chiron, the Centaur instructing Apollo, in Cornelian.
463. The Centaur Nessus bound by Love, Cameo.
521. The Temple of Venus, Jasper.
537. Cupid burning a butterfly, niccele.
549. Two Cupids in a Bark drawn by Dolphins, Cornelian.
854. A Centaur carring a branch of a tree upon his Shoulder a Cornucopia, Cornelian.
929. The Infant Achilles carried by Chiron the Centaur, Cornelian.
930. Chiron, the Centaur instructing the Young Achilles, Sardonix 931. Chiron, in Calcedony
Sect. 2.
97. Chiron Shooting with a Bow.
194. Chiron, the Centaur playing upon a Lyre.
Class. 2.
6. An antique Boar Hunting - 9. inches by 6.
51. Herculanean Dancing Nymphs, framed -

15 1/2 by 12 1/2.
52. 53. 54. 55. 56. Ditto, Ditto.
57. Centaur, round Tablet & framed. - 16. inch. Diameter
58. & 59. Ditto.
60. Polyphemus, Ditto.
60. Marsyas & Young Olympus, - 16. inch
63. Papyrius & his Mother - 16. inch
64. A Baccanalian Figure from Herculaneum - 15. inch
65. Ditto
74. Perseus & a Centaur. - 4. inch by 3 1/2
81. Meleagre & Attalanta Killing the Caledonian Boar - 7. in by 6.
No. From No. 51 to 65 I wished to have them in black Basalte & framed: the others of this Class could be like Cameos polished Bisquit with encaustic ground.
Class. 10.
No. 11. Shakespeare. 18. Waller. 22. Earl of Rochester. 27. Milton.
31. M. Gay. 32. M. Prior. 37. Alex. Pope.
38. Jonat. Swift.
39. Addison. 41. Thompson. 44. Sir. Will.m Hamilton
All these in black Basalte & all of the same size
Class. 12.
8. Morpheus, a reclining Figure
11. Ganymede, from the Florentine Museum- 11 3/4 inch.
19. Egyptian Sphynxes, with Nossles to hold Candles - 6. inch.
20. Sitting Sphynxes, with ditto - 10 1/2 inch.
21. Griffins, with Ditto - 13. inch by 7."

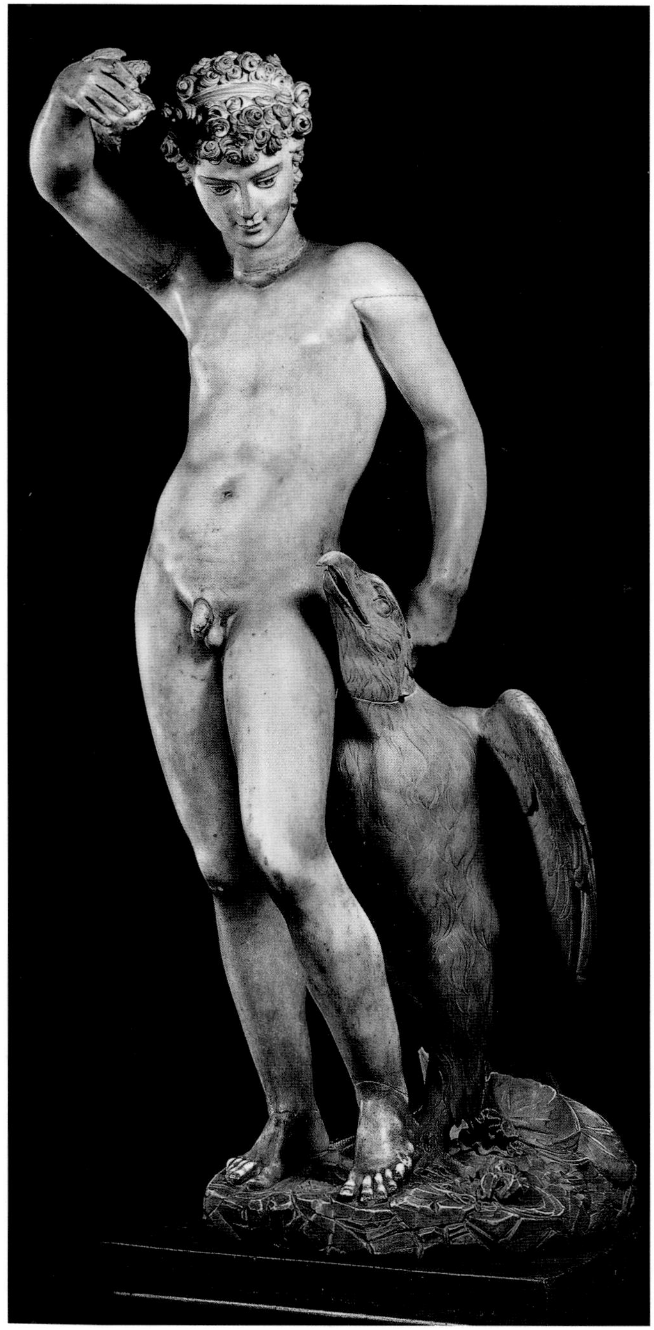

Benvenuto Cellini: Ganymed, um 1530, Marmor, H.: 105,5 cm, Florenz, Bargello.

Auf diese Liste werden wir im Verlauf des Rundgangs durch das Wörlitzer Landhaus noch mehrmals zurückkommen. An dieser Stelle interessiert uns die Bestellung des „11. Ganymede, from the Florentine Museum". Ein unbekannter Modelleur formte für Josiah Wedgwood diese kleine Plastik. Es handelt sich mit größter Wahrscheinlichkeit um ein Unikat, denn nur das Wör-

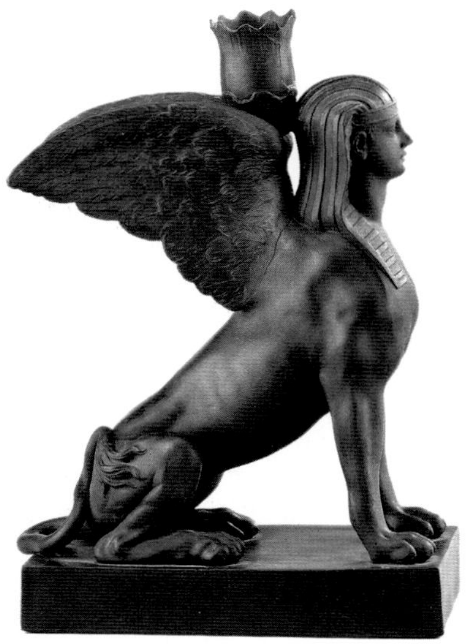

Wedgwood-Fabrik: Sphinx als Kerzenhalter, 1774, Black Basaltes, H: 26,4 cm, ohne Marke. Kulturstiftung Dessau-Wörlitz, Inv. Nr. II-344.
Ein Paar der eleganten Sphingen erwarb Fürst Franz 1774 bei Josiah Wedgwood.

litzer Exemplar ist bekannt. Kurz nach seiner Bestellung durch den Fürsten schickte Thomas Bentley eine entsprechende Ordre an das Londoner Geschäft: „Wanted to the Warehouse. Black Statue a Ganymede with an Eagle for the Prince of Anhalt-Dessau & some for the Warehouse..."

Um 1550 wurde in der Nähe von Florenz ein römischer Marmortorso ausgegraben. Der berühmte Bildhauer Benvenuto Cellini restaurierte das Fragment und vervollständigte es zu einem Ganymed mit Adler. Der Bildgegenstand hat seine Wurzeln in der griechischen Mythologie. Ganymed ist ein trojanischer Prinz, der wegen seiner Schönheit von Zeus in Gestalt eines Adlers auf den Olymp entführt wird. Hier tut er seinen Dienst als Mundschenk der Götter und lebt in ewiger Jugend. Der Adler ist entweder Zeus selbst, der sich in den Beherrscher des Himmels verwandelte, oder das Feldzeichen des höchsten Gottes.

Wedgwoods Ganymed in Black Basaltes folgt seinem Vorbild (heute im Bargello, Florenz) im Wesentlichen. (Wer ihn mit Cellinis Werk vergleichen möchte: im Speisesaal des Wörlitzer Landhauses steht ein sehr guter Gipsabdruck nach dem Florentiner Original. Das Postament, eingerichtet als Eisschrank, spricht für die praktischen Veranlagungen des Fürsten ebenso wie für seinen erlesenen Kunstsinn.) Er bildet den Mittelpunkt des Kaminaufsatzes, umgeben von antikisierenden Gefäßen und zwei Leuchter tragenden, sitzenden Sphingen. Die letzteren zählen ebenfalls zu den sehr qualitätvollen Serienprodukten der Fabrik. Im 18. Jahrhundert fand die Sphinx als prominente Vertreterin der mystischen Fabelwelt Ägyptens große Beachtung in der europäischen Kunst. Oft variierte Wedgwood diese Art Leuchter; so sind auch liegende und mit dem Rücken zueinander sitzende Figuren bekannt. Woher er allerdings die Muster seiner Sphingen nahm, ist ebenso unbekannt wie der Name des Künstlers, der das Modell anfertigte.

„I have chosen out of Your Catalogue: ...Herculanean Dancing Nymphs..."

Im Garten der berühmten Villa des Kardinals Borghese bewahrte man Mitte des 18. Jahrhunderts drei berühmte antike Reliefs auf. Fürst Franz und sein Architekt von Erdmannsdorff studierten sie auf Geheiß Winckelmanns 1766 in Rom persönlich. Heute befinden sie sich in den Sammlungen des Louvre in Paris. Die hohe Qualität der künstlerischen Arbeit beeindruckte die Dessauer besonders tief.

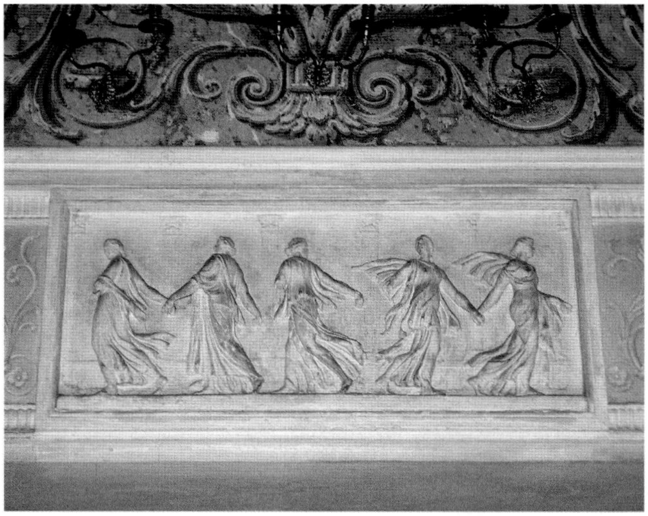

Schloß Wörlitz, Festsaal, Motiv Borghesische Tänzerinnen, Gipsrelief, um 1770.

Diesen „Nuptiales choreae - in hortus Burghesis" veröffentlichte erstmals Pietro Bellori, der Antiquar des schwedischen Königs, 1693 in Form eines Kupferstichs. Sein Katalog der vornehmsten antiken Altertümer Roms „Admiranda Romanarum antiquitatum ac veteris sculpturae vestigiae" befand sich in der Bibliothek des Dessauer Fürsten ebenso wie in der Musterbücherei Etrurias.

Die von Winckelmann gelobten Reliefs fanden in den Innenräumen des Architekten von Erdmannsdorff mehrfach Verwendung. Schon seine ersten Arbeiten verwandten ein Motiv im Festsaal des Dessauer Schlosses in Form von Gipsreliefs. Auch im Festsaal des Wörlitzer Landhauses ließ er

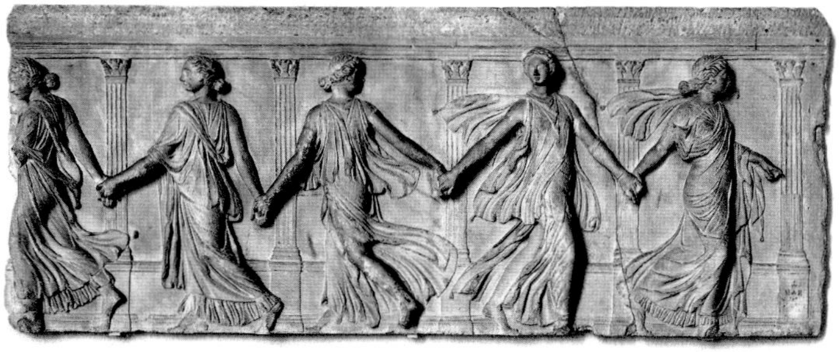

Die Borghesischen Tänzerinnen, römisch, Paris, Musée de Louvre.

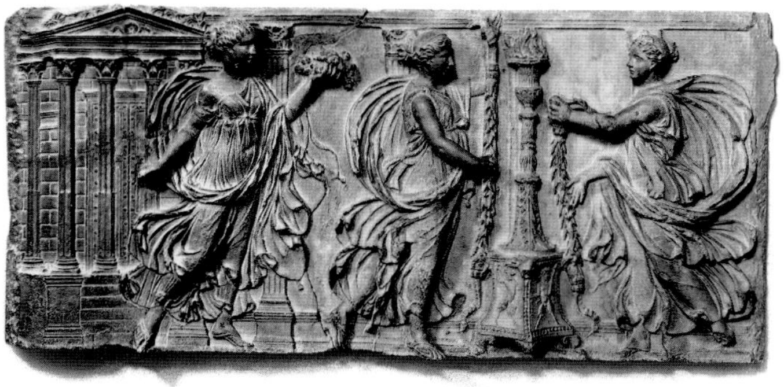

Die Borghesischen Tänzerinnen, römisch, Paris, Musée de Louvre.

die offensichtlich sehr beliebten „Dancing Hours" anbringen. Der Dessauer Bildhauer Ehrlich fertigte extra dafür während der Grand Tour Gipsabgüsse vom Original an. Im Schloß Luisium bei Dessau verwandte Erdmannsdorff ebenfalls das beliebte Motiv, aber im Gegensatz zu Dessau und Wörlitz nicht plastisch, sondern als außerordentlich feine Wandgemälde über den Türen des Festsaales.

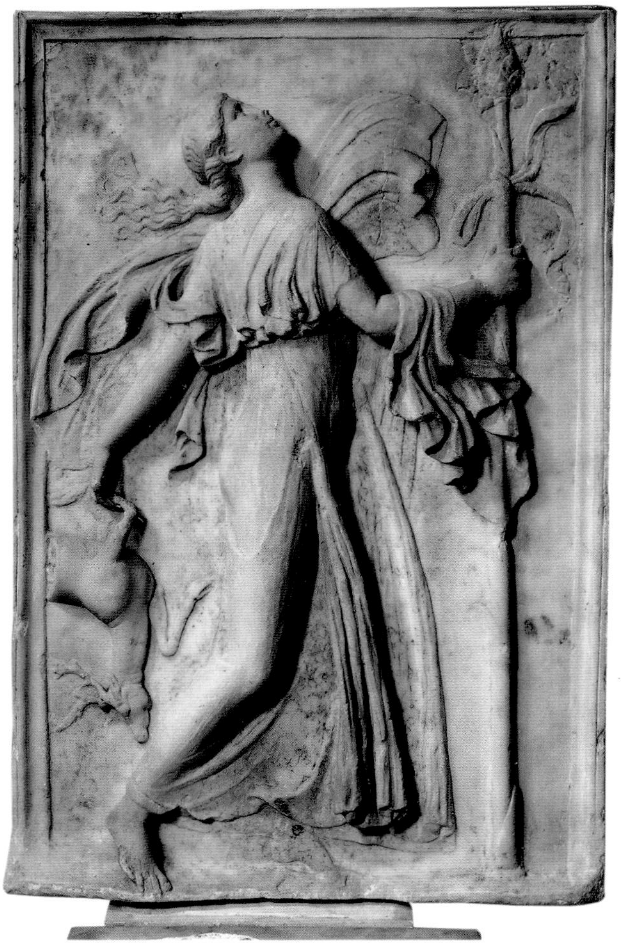

Borghesische Tänzerin, römisch, Paris, Musée de Louvre

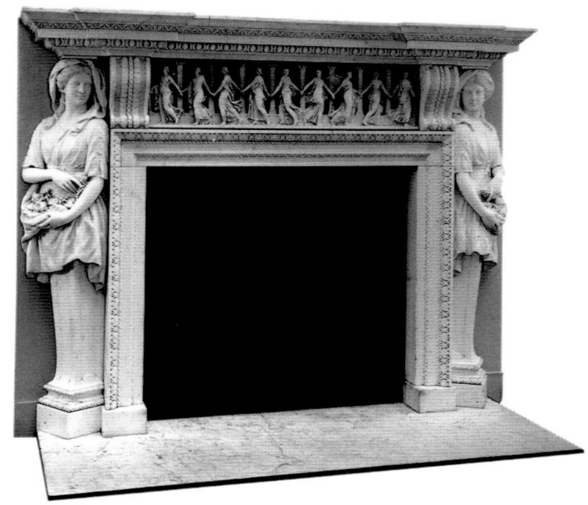

Der Kamin aus Moore Park House/Hertfordshire House, ehemals Besitz des Sir Lawrence Dundas, heute Lady Lever Gallery, Port Sunlight. Die weißen Marmorreliefs nach den Borghesischen Tänzerinnnen stehen vor blauem Lapislazuli.

Sir Lawrence Dundas, einer der vermögendsten Kunstsammler Englands, ließ die antiken Vorbilder Mitte des 18. Jahrhunderts für seinen Landsitz Moore Park/Hertfordshire kopieren. Die Figuren bestanden aus weißem Marmor und waren sehr effektvoll auf Lapislazuli von dunkelblauer Farbe aufgelegt. Sir Dundas ließ damit eine Kaminmaske verzieren, die damals außerordentlich berühmt gewesen ist. Er fand alsbald Nachahmer anderswo. Drei Jahrzehnte später werden die Motive auch in der Wörlitzer Villa Hamilton in veränderter Form verwendet.

Fürst Franz bestellte bei Wedgwood ganz ähnliche Motive der „Herculanischen Tänzerinnen" (Herculanean Dancing Nymphs, framed) im Brief vom 28. Dezember 1774. Leider sind diese interessanten Kunstwerke heute nicht mehr in Wörlitz vorhanden.

Architekt des Königs und Töpfer der Königin: Chambers und Wedgwood

Erdmannsdorff richtete neben dem Festsaal das zweite Langzimmer ein. Rode geht in seiner „Beschreibung" nicht näher auf die Ausstattung des Raumes ein und bezeichnet ihn als

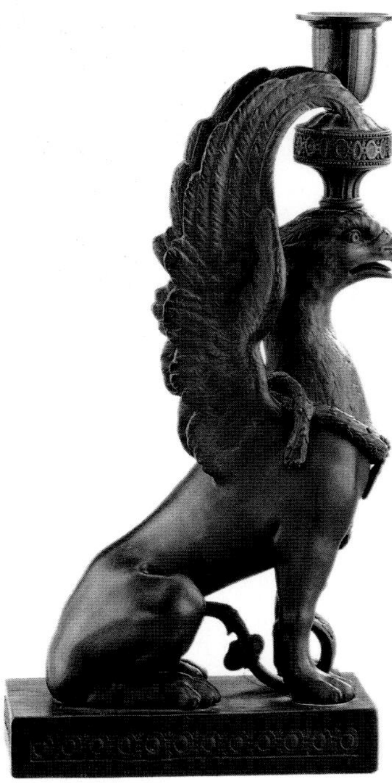

Wedgwood-Fabrik: Greif als Kerzenhalter, um 1774, Black Basaltes, H: 33,9 cm, ohne Marke. Schloß Wörlitz, Zweites Eckzimmer. Kulturstiftung Dessau-Wörlitz, Inv. Nr. II-350.

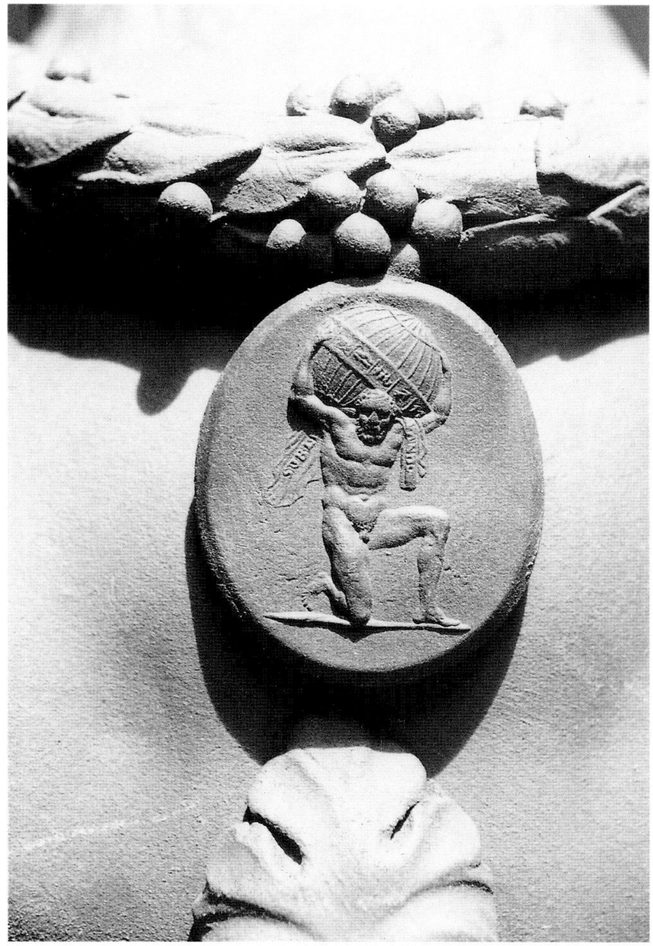

Wedgwood-Fabrik: Greif als Kerzenhalter, um 1774, Black Basaltes, H: 33,9 cm, ohne Marke. Schloß Wörlitz, Zweites Eckzimmer. Detail: Medaillon auf der Brust des Greifen „Herakles trägt die Weltkugel", Kulturstiftung Dessau-Wörlitz, Inv. Nr. II-350.

„Gegenzimmer" zum eben beschriebenem. Der Kaminaufsatz verdient unser besonderes Interesse. Er besteht aus fünf vorzüglichen Black Basaltes-Erzeugnissen. Sehr interessant erscheinen die beiden Leuchter in Greifen-Gestalt. Fürst Franz bestellte das Paar im oben erwähnten Brief vom 28. Dezember 1774.

Zum Firmenkonzept von „Etruria“ gehörte von Beginn an die Suche nach Kontakten mit den besten Architekten Großbritanniens. Damit wurde die Verwendung der Keramik-Produkte praktisch obligatorisch. Wedgwood erhielt von William Chambers die Erlaubnis, eine Abbildung aus dem illustrierten Architekturtraktat „A Treatise in Civil Architecture“ für seine Zwecke verwenden zu dürfen. Wedgwood hatte eine weitere sehr wirksame Symbiose zwischen Kunst und Kommerz selbst veranlaßt. Der Architekt des Königs lieferte Entwürfe für den „Potter to Her Majesty“. Greifenleuchter ließen sich offenbar sehr erfolgreich verkaufen, in leicht abgewandelter Form entstanden sie später teilweise vergoldet und in Jasper Ware.

„...der schlafende Genius zum Haupte des Bettes...“

Ein Vorzimmer, das Ankleidezimmer der Fürstin, führt in die Privatgemächer des Landhauses. Der hier vorhandene Kamin, aus antiken Marmorbruchstücken zusammengesetzt, ist der kostbarste des Hauses. Auch für ihn sah Erdmannsdorff einen Aufsatz, bestehend aus antikisierenden Vasen, vor.

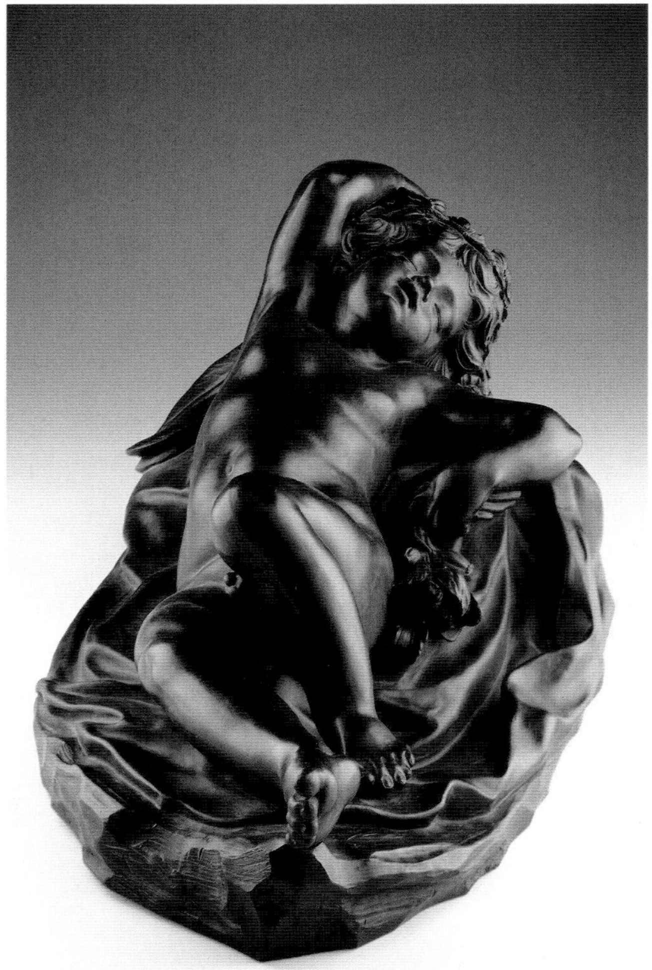

Wedgwood-Fabrik: Schlafender Knabe – „Somnus“, um 1774, Black Basaltes, H: 28,5; L: 63,8 cm, ohne Marke. Schloß Wörlitz, Schlafzimmer der Fürstin. Kulturstiftung Dessau-Wörlitz, Inv. Nr. II-654. Vermutlich wurde der „Somnus“ nur zweimal ausgeführt, das andere Beispiel befindet sich in einer Sammlung in den Vereinigten Staaten.

Als nächster Raum folgt das Schlafzimmer der Fürstin Luise, ein Raum, dem Erdmannsdorff besondere Aufmerksamkeit widmete. Die Auswahl der Allegorien und Symbole erfolgte durch den Architekten mit äußerster Sorgfalt. Er leitete per Korrespondenz den Bau des Schlosses von Rom aus und stimmte selbst kleinste Details der Wandgestaltungen und vor allem den Bettentwurf mit seinem Auftraggeber ab. In Briefen an den Fürsten berichtete der Architekt noch von Verhandlungen mit einem italienischen Bildhauer, der eine Skulptur aus Basalt anfertigen sollte.

Für das Bett wurde aber schließlich die Figur eines „Somnus“ in Black Basaltes aus der Wedgwood-Fabrik verwendet, von der Rode 1788 berichtet: „Das Bette steht dem Spiegel gegenüber in einer 9 Fuß tiefen und 10 Fuß breiten Nische, zu der man auf 3 Stufen emporsteigt. Es ist nach einer Zeichnung aus Rom; von Lindenholz, weiß gemahlt; mit Medaillons und Bildhauerarbeit geziert. Am Kopfende liegt von schwarzer, Basaltähnlicher Masse, ein schlafendes Kind.“

Die mythologische Verkörperung des erholsamen Schlafes war den Römern der Somnus, griechisch Hypnos, der Vater des tödlichen Schlafes Morpheus. Somnus schläft in einer weltabgeschiedenen Höhle, vor der Mohn und andere schlafbringende Kräuter wachsen. Auch unser kleiner geflügelter Knabe nimmt darauf Bezug, denn er hält einige Mohnblüten in der linken Hand.

Von dieser reizenden Figur, die größte, die jemals in Etruria produziert wurde, sind nur zwei Ausformungen bekannt: der Wörlitzer Somnus und ein weiterer in einer Sammlung in Übersee. Sein Vorbild fand er nicht in einer antiken Figur, es geht vielmehr auf eine liegende Kindsfigur des italienischen Barockbildhauers Alessandro Algardi zurück. Diese Vorgehensweise zeigt deutlich die große Bandbreite der Quellen, aus denen Wedgwood Formen und Motive für seine Arbeit entlehnte. In der von Thomas Bentley zusammengestellten Firmenbibliothek von Etruria standen die wichtigsten Kupferstichwerke des 17. und 18. Jahrhunderts.

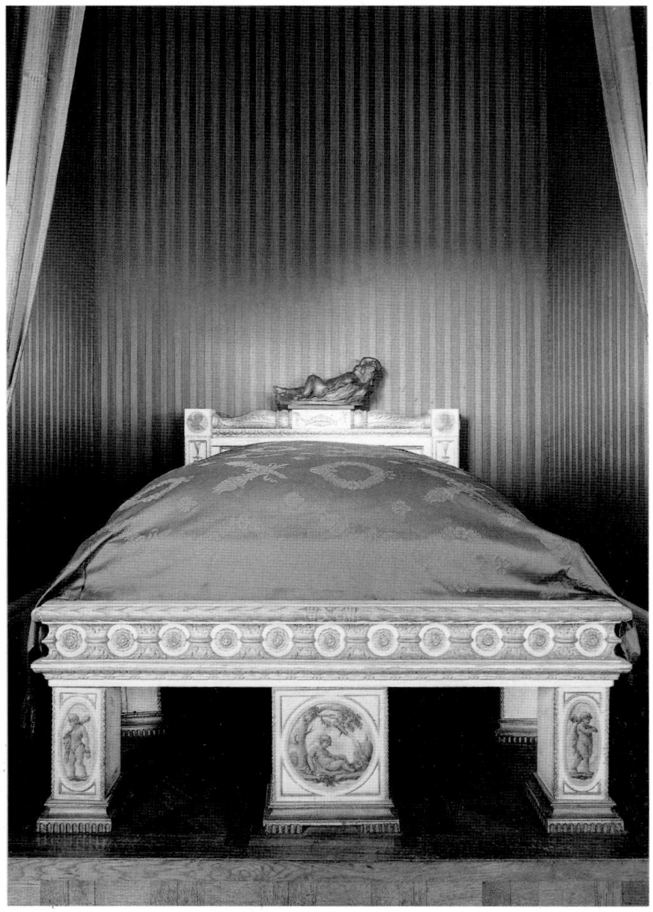

Das Bett der Fürstin Luise im Wörlitzer Schloß. Am Bettgiebel der Schlafende Somnus aus der Wedgwood-Fabrik.

„Die Bibliothek des Fürsten ist ein Fingerzeig seiner auf kluge Wahl gegründeten Kenntnisse“

◆

Die Bibliothek des Hauses folgt dem Schlafzimmer der Fürstin. Die Gestaltungen der Wandflächen spiegeln die Geisteswelt des Besitzers wider. Fürst Franz läßt sie im Sinne einer Freundschaftsgalerie mit den Porträts der Personen ausmalen, die ihn hauptsächlich beeinflußt haben. Doch sind nicht alle in der Büchersammlung vertretenen Autoren vollzählig abgebildet.

In einer Reisebeschreibung von 1792 wird folgender Schluß gezogen: „Die Bibliothek des Fürsten ist ein Fingerzeig seiner auf kluge Wahl gegründeten Kenntnisse. Hier tritt alles in einen Lichtpunkt zusammen, was sich von dessen Liebe zu den Wissenschaften und schönen Künsten erwarten lässt.“

Die vier Wände des Raumes sind im klassisch-philosophischen Sinne geordnet nach:

a) Dichtkunst und Beredsamkeit,

b) Gesetzgebung und Sittenlehre,

c) Geschichte und den Schönen Künsten,

d) Philosophie und Theologie.

In den Fensternischen brachte man die Schwefelabdrücke nach der seinerzeit berühmten Gemmen-Sammlung des Barons Philipp von Stosch unter. Die kostbaren Originale befanden sich im Besitz Friedrichs II. von Preußen, dem mächtigen Nachbarn des Fürsten Franz.

In Etruria gab es zahlreiche Gipskopien dieser sogenannten Dactyliothek. Es ist sehr interessant,

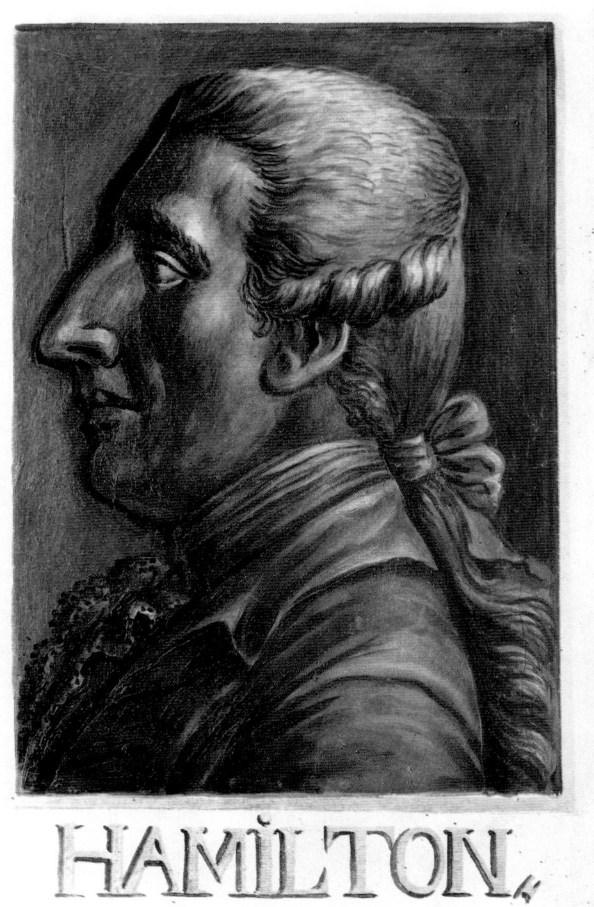

Nach dem Wedgwood-Medaillon von Joachim Smith, 1772 : Porträt Sir William Hamilton, Wandmalerei vermutlich von Johann Fischer, vor 1788, in der Bibliothek des Wörlitzer Schlosses.

daß Kunstwerke aus der Wedgwood-Fabrik ihrerseits in Wörlitz von Künstlern als Vorlagen verwendet wurden. Hier gibt es eine kleine Sammlung von Porträtmedaillons und Büsten, die seit etwa 1771 in Etruria erschienen.

Homer, der berühmte Verfasser der Ilias, befindet sich in der Rangfolge der wichtigsten Dichter an erster Stelle. Sein Porträt entstand nach einer 1774 hergestellten Wedgwood-Büste in Black Basaltes. Gleiches trifft für das Virgil-Porträt zu.

Den Heroen der Antike folgt in der Wörlitzer Bibliothek Alexander Pope. Er ließ ab etwa 1720 sein kleines Anwesen Twickenham bei London in den weltweit ersten Landschaftsgarten umwandeln. Seither galt der Landsitz als ein Pilgerort für Gartenenthusiasten, den auch Fürst Franz während der Grand Tour besuchte. Das Bildnis des Dichters entstand nach einer Porträtplakette Wedgwoods. William Shakespeare fehlt natürlich nicht im Reigen der Auserwählten. Fürst Franz besaß in seiner Bibliothek die damals beste Werkausgabe des größten englischen Dramatikers. Es folgen die Bildnisse von John Milton, John Wilmot, Second Earl of Rochester, Matthew Prior, James Thomson und Joseph Addison, allesamt nach Black Basaltes-Medaillons der Wörlitzer Sammlung gemalt. Alle Black Basaltes-Plaketten finden sich in der fürstlichen Bestellung vom 28. Dezember 1774.

Besondere Aufmerksamkeit bereits an dieser Stelle verdient das Porträt Sir William Hamiltons, verewigt auf der Wand der größten Kenner der Schönen Künste. Seit 1764 versah der dem britischen König Georg III. sehr nahe stehende Hamilton seinen diplomatischen Dienst in Neapel. Sein wissenschaftliches Interesse an Antiquitäten und Geologie verschaffte ihm seinerzeit spektakulären Ruhm. Gesteigert wurde das Ganze durch die legendäre Liebe zu Emma Harte, der späteren Geliebten des Lord Nelson. Wie eingangs bereits erwähnt, machte Fürst Franz die Bekanntschaft Hamiltons während der Grand Tour 1766 in Neapel. Man bewunderte das Raritätenkabinett des Diplomaten, besonders dessen vorzügliche Vasensammlung. Noch während der Reise erwarb Fürst Franz ein kostbares antikes Gefäß in Italien.

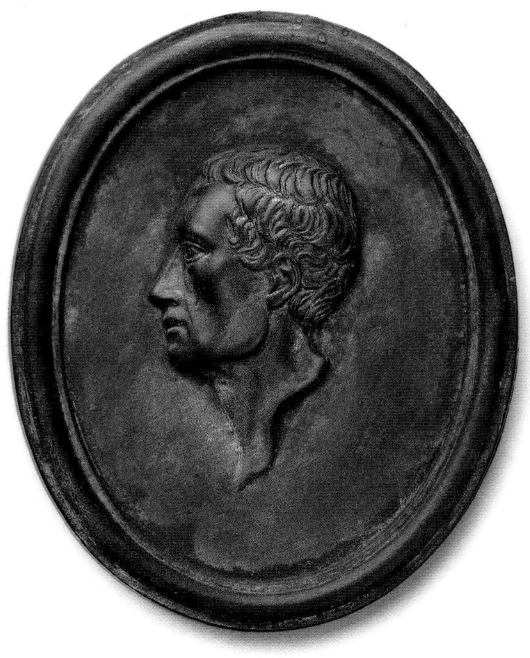

Wedgwood-Fabrik: Porträt Alexander Pope, Black Basaltes, um 1774, H. 7,2 cm, ohne Marke. Schloß Wörlitz, Bibliothekszimmer. Kulturstiftung Dessau-Wörlitz, Inv. Nr. II-413 Das Bildnis des Wegbereiters des Landschaftsgartens bekam einen Ehrenplatz unter den Wandgemälden der fürstlichen Bibliothek in Wörlitz.

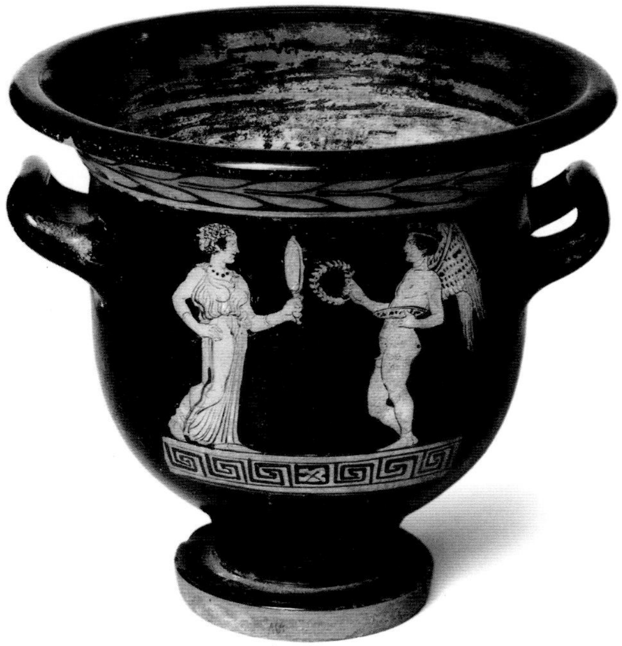

Unteritalischer Glockenkrater, rötlich gebrannter Ton, schwarzglasiert, Figuren und Ornamente ausgespart, 4. Jahrhundert v. Chr., H. 25 cm. Kulturstiftung Dessau-Wörlitz, Inv. Nr. II-164. Der Krug zum Mischen von Wasser und Wein ist das einzige antike Gefäß aus der Sammlung des Fürsten Franz. Vermutlich erwarb er es in Neapel, wenn nicht gar von Hamilton selbst. Winckelmann war vom Vasengemälde fasziniert und widmete ihm eine umfangreiche Beschreibung.

Für den Cicerone und Lehrmeister der Dessauer Reisegesellschaft in Rom, Johann Joachim Winckelmann, hatte dieser antike Glockenkrater einen herausragenden Wert. Er beschrieb das einzige antike Gefäß in der Wörlitzer Sammlung in seiner „Geschichte der Kunst des Altertums"; in der später erschienenen französischen Ausgabe wird es sogar mit einer in Kupfer gestochenen Ansicht gewürdigt. Fürst Franz setzte wohl ganz bewußt Hamiltons Bild in seiner Bibliothek neben das Winckelmanns, um beide großen Kunstkenner zu ehren.

„...Meleagre & Atalanta Killing the Caledonian Boar..."

Scheinbar durch die Tür eines Bibliotheksschrankes gelangt man in das privateste Zimmer des Fürsten Franz, in sein Schlafzimmer. Das außergewöhnliche Bett fällt sofort auf. August Rode vermerkte hierüber: „Aus dem Fußende zieht sich ein Schreibtisch heraus (...) Die Erfindung dieses Bettes ist von dem Fürsten selbst." In diesem Raum verdient vor allem der Kamin unser Interesse, denn die Gestaltung ist ein Musterbeispiel englischen Stils. Die Dekoration des Aufsatzes ist, im Vergleich zu den anderen Beispielen des Hauses, sehr abwechslungsreich und zeigt zwei Bronzearbeiten von Giacomo Zoffoli, zwei Blue-John-Gefäße, eine antike Satyrbüste und eine Bronzebüste des römischen Kaisers Vitellius.

Von Erdmannsdorff wählte als Zierstück für die Kaminmaske ein Wedgwood-Medaillon, auf das Rode besonders eingeht: „Der Kamin ist von buntfärbigem Stuk, worin aber die Fleischfarbe die Herschende ist. Mitten im Gesimse ist er mit einem bas relief auf blauem Grunde, von Bisquit geziert. Es stellt den Meleager und die Atalante vor, die den Kalydonischen Eber tödten." Dem Bildinhalt des Reliefs entsprechend fertigte ein Künstler einen Rahmen an, der in den Eckzwickeln je einen Bogen mit gekreuztem Pfeil abbildet.

Nur dieses eine Mal hat der namentlich nicht bekannte Modelleur der Wedgwood-Fabrik dieses kostbare Relief hergestellt. Der Dessauer Fürst bestellte es im Brief vom 28. Dezember 1774: „81. Meleagre & Attalanta Killing the Caledonian Boar".

Das Motiv ist mit Bedacht gewählt, denn Fürst Franz war ein passionierter Jäger. Mit größter Präzision ist das feine Relief gearbeitet. Gut zu erkennen ist, daß der Künstler vorher eine ver-

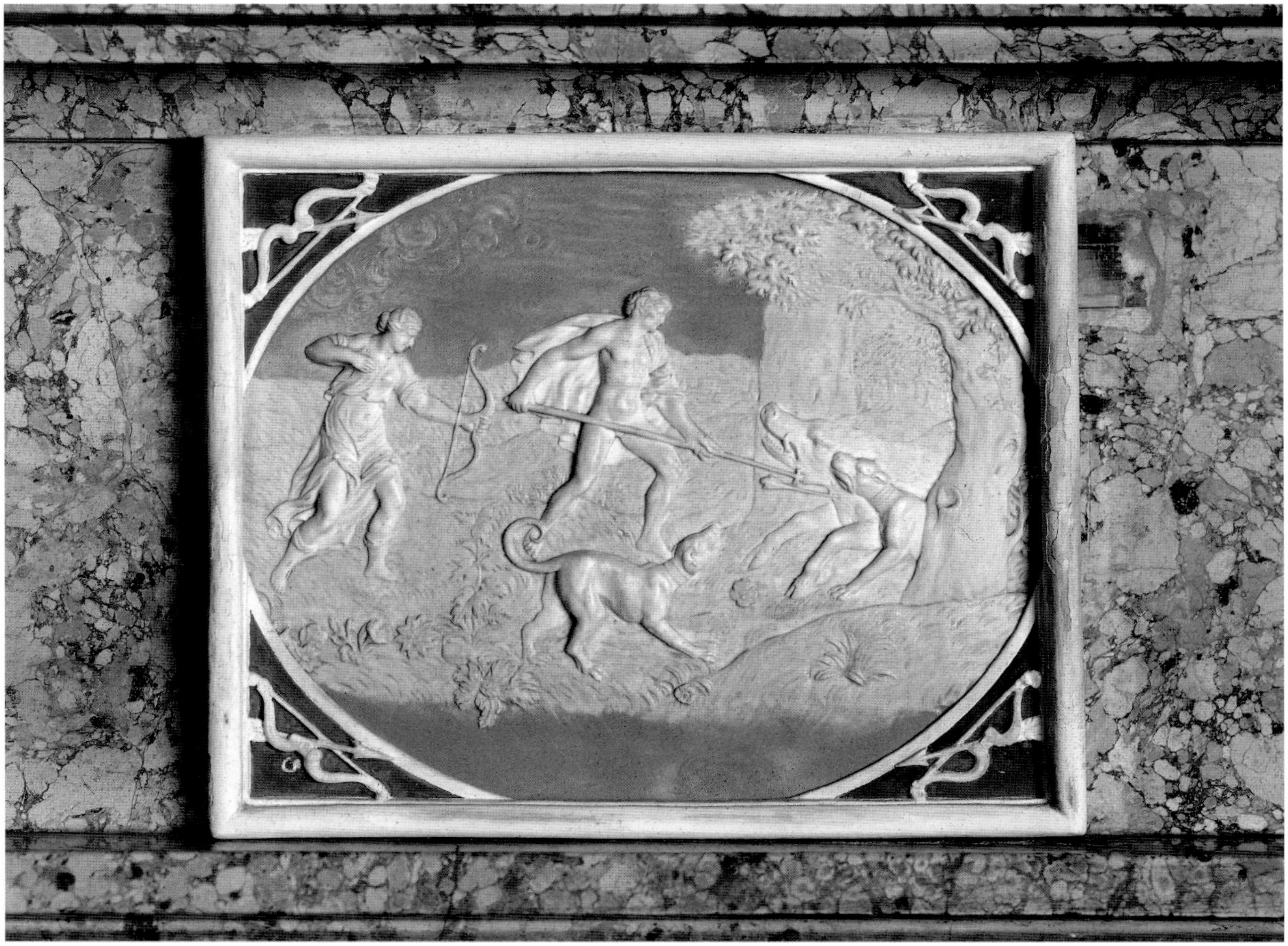

Wedgwood-Fabrik, Meleager und Atalante töten den kalydonischen Eber, sog. Crystalline Terra Cotta, eine Vorstufe der Jasper Ware, weiße Tonmasse, Hintergrund hellblau emailliert, um 1774, Br. 14,5 cm, 11,5 cm, im originalen Holzrahmen. Schloß Wörlitz, Schlafzimmer des Fürsten. Kulturstiftung Dessau-Wörlitz, Inv. Nr. II-416.
Die Wörlitzer Kaminplakette ist vermutlich auf der Welt einzigartig. Der Wörlitzer Wedgwood-Sammler zeigte damit seine ausgesprochene Vorliebe für die Jagd.

tiefte Form anfertigte. Hier hinein wurde der Ton gestrichen und nach dem Trocknen ausgeformt. Vor dem Brennen im Töpferofen mußte er den späteren Hintergrund und die Tiefen mit Emailglasur herausheben. Mit Hilfe dieser Farbnuancierung erscheint die Jagdszene durch das differenzierte Licht- und Schattenspiel besonders plastisch.

Das verwendete keramische Material ist sehr interessant, denn es markiert eine wichtige Zwischenstufe in der Entwicklungsgeschichte der Produkte der Wedgwood-Fabrik. Der Keramikerfinder experimentierte zu jener Zeit mit unglasiertem Steinzeug, welchem er die Qualität von Bisquitporzellan abgewinnen wollte. Er versuchte ein einfarbiges Trägermaterial herzustellen von dem sich erhabene, feine Reliefs abhoben. Anfangs mußte allerdings noch der Hintergrund mit Emailfarben getönt werden, wie unser Beispiel zeigt. Das eben erfundene Produkt „Crystalline Terracotta" war eine selten ausgeführte Zwischenstufe zu Wedgwoods berühmtester Keramikart. Doch bis zur endgültigen Ausreifung der Jasper Ware mußten noch Tausende Probeplatten gebrannt und viele Probleme unkonventionell gelöst werden.

Besonders die Damenwelt hatte großes Interesse an den modischen Wedgwood-Erzeugnissen. Jedoch war das Personal der „Showrooms" in London und Bath auf Grund der großen Nachfrage hoffnungslos überfordert. Wedgwood mußte dringend etwas dagegen unternehmen und formulierte schon bald sein Ziel:

„...die Damen begeistern und in Entzücken versetzen..."

Hochrangige Kundinnen langweilten sich in den Verkaufsräumen. Das entging dem aufmerksamen Unternehmer nicht, und er versuchte, rasch Abhilfe zu schaffen. So kam er als Erster auf die Idee, Kataloge seiner Waren herzustellen, in denen die Wartenden im Laden ganz entspannt blättern und dabei die Wahl der Vorgängerin in aller Ruhe begutachten konnten. In einem Brief an seinen Partner Bentley äußert er sich über seine neue Strategie: „Ich muß dir nicht erst sagen, daß es in unserem Interesse ist, die Ladies zu unterhalten und abzulenken, sie zu erfreuen und zu überraschen, nein sogar in Entzücken zu versetzen – aber an wen schreibe ich! – Dies alles unter dem Siegel der Verschwiegenheit, mein guter Freund – größter Vasenmacher aller Zeiten."

Seine Musterkataloge gingen von Hand zu Hand. Das Konzept erwies sich als voller Erfolg. Von nun an konnte Wedgwood seine Kunden in ganz Europa auf dem schnellsten Wege über modische Waren informieren. Papier ließ sich problemlos mit geringen Kosten verschicken, und die überraschten Interessenten waren begeistert.

Auf 13 Kupfertafeln stellte der geschäftstüchtige Unternehmer die neuesten Erzeugnisse vor. Im Textteil führte er die wichtigsten Kunden der Fabrik in aller Welt auf, und nun stellte sich heraus, daß Wedgwood tatsächlich der „Vase Maker General to the Universe“ war:

„King of Prussia; Prince of Mecklenburg-Schwerin, King of Poland; Mons.r le Langrave of Hesse Cassel; Comte De Vieira; Madame la Langrave of Hesse Cassel; King of Portugal at Lisbonne; Baron Coccey; Prince Czartoriskie at Warsavia; Duke Regent de Brunswick; Duke Regent de Saxe Gotha; King of Denmark; Comte de la Lippe; Prince de Anhalt Zerbst; King of Sweden; Great Duke of Tuscany; Charles Duke of Aremburg at Aremburg; Charles Duke of Wortemberg at Stoutgard; Prince of Anhalt Bernburg at Bernburg; Prince of Anhalt Coethen at Coethen; Prince of Anhalt Dessau at Dessau; Lewis 9 th Langrave of Hesse Darmstadt at Darmstadt; Fred.k Lewis W.m. Langrave of Hesse Homburg at Homburg; W.m. Langrave of Hesse Philippthal at Philippthal; Constantine Langrave of Hesse Rheinfels at Rheinfels; C.H.C.Alex.r. Margrave of Anspach; Fried.k.W.m. Margrave of Brandenbourg Schwet; Madame la Princesse de Bade Bade Rastad; Cha. Fred.k. Margrave of Bade Durlach; Ernst Fred.k. Saxe Cobourg; Ernst Fred.k. Saxe Hildburghausen; Aug. Fred.k. Char.s. Saxe Meinungen; Char.s Aug.

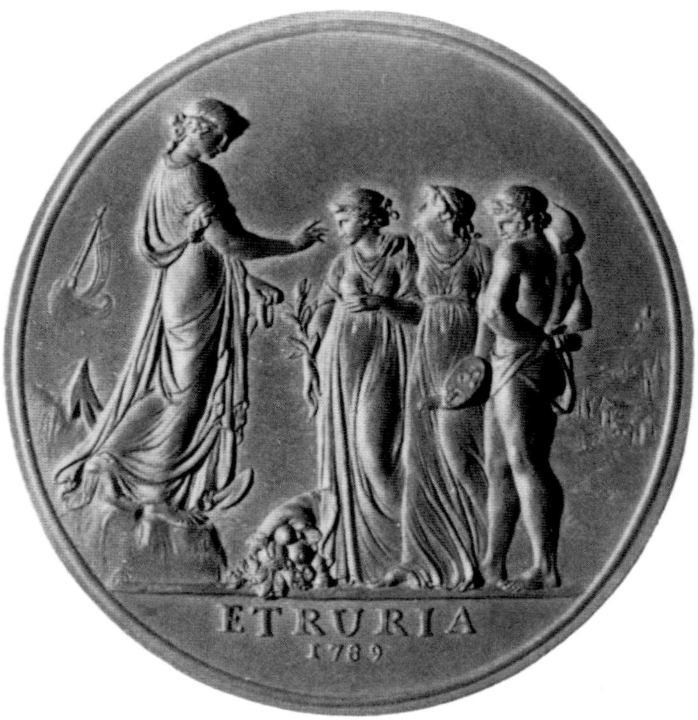

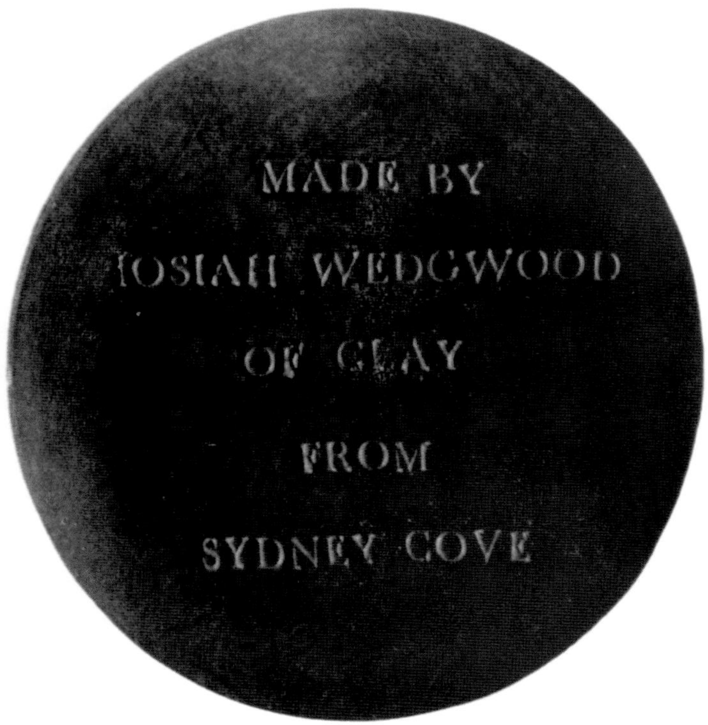

Medaillon aus Sydney-Ton, 1789. Die Suche nach dem besten Töpferton der Welt gipfelte darin, daß Wedgwood Proben aus Australien geschickt bekam - ein einzigartiger Beleg für seine Qualitätsansprüche.

Saxe Weymar; Char.s. Lewis Duke of Holstein Beck; Fred. Henry W.m. Duke of Holstein Glucksburg; Fred. Chris. Duke of Holstein Sunderburg; Peter Duke of Courland; Fred. Aug. Elector of Saxony; Elector of Bavaria; Elector of Palatin; Elector of Metz; Elector of Cologn; Elector of Triers; Prince of Furstenberg; Prince of Halzfield."

Der Dessauer Fürst erhielt den Katalog, wie er im Brief von 1774 bestätigt: „Here I adjoyn a List of several more that I have chosen out of Your Catalogue."

„Hätte ich mehr Zeit, mehr Hände & mehr Köpfe, ich könnte noch mehr tun..."

Wedgwood ruhte sich nie auf seinen Lorbeeren aus. Er war der geborene Erfinder und achtete mehr als jeder andere Unternehmer auf modische Trends. Wollte der „Potter to Her Majesty" seine führende Rolle behaupten, mußte er die verwöhnte Kundschaft ständig mit Neuheiten überraschen. An Bentley schrieb er: „Die Leute würden sich sogar in der Gesellschaft des Erzengels Gabriel langweilen, wenn sie ihn zu oft zu sehen bekämen."

Wedgwood beobachtete aufmerksam die Entwicklung der klassizistischen Architektur. Besonders interessierte ihn die lebhafte Farbigkeit der Innenräume der Gebrüder Adam oder des Sir William Chambers. Das brachte ihn auf die Idee, eingefärbte Keramik herzustellen. Doch die Umsetzung in die Produktion erwies sich als äußerst problematisch. Bisher gab es lediglich die Möglichkeit, den hellgebrannten Tonscherben mit Glasuren einzufärben oder zu bemalen. Durchgehend gefärbte Keramik konnte nur in schwarz hergestellt werden – und dieses Black Basaltes hatte er selbst erst kürzlich erfunden.

Doch nun waren leuchtende Farbtöne gefragt. Wedgwood hatte eine Vision; er träumte „von einer weißen porzellanartigen Biskuitmasse von exquisiter Schönheit und Zartheit, die genau die gleichen Eigenschaften hatte wie das Black, dazu aber auch noch die Fähigkeit, sich mit Farbe durchtränken zu lassen, was weder im Altertum noch in der Neuzeit bei einer irdenen Substanz möglich gewesen war."

Seine akribischen Experimente mit dem ihm vertrauten Steinzeug nahmen Jahre in Anspruch. Die einheimischen Tone waren zudem viel zu grobkörnig. Daraufhin sah sich Wedgwood anderswo nach entsprechenden Rohstoffen um – und fand sie in den feinen Pfeifentonen von Südengland. Erstmalig in der Geschichte der Potteries importierte Wedgwood auswärtige Rohstoffe. Später offerierte man ihm sogar Tonproben aus Australien.

Trotz größten Engagements wollte anfangs nichts gelingen. Wedgwood verzweifelte: „Dieser Jasper ist mit Sicherheit die empfindlichste und unberechenbarste aller Substanzen, mit denen ich je in Berührung gekommen bin (...) Einmal ist er so weiß und fein wie er sein soll, das andere Mal sieht alles wie Zimt aus."

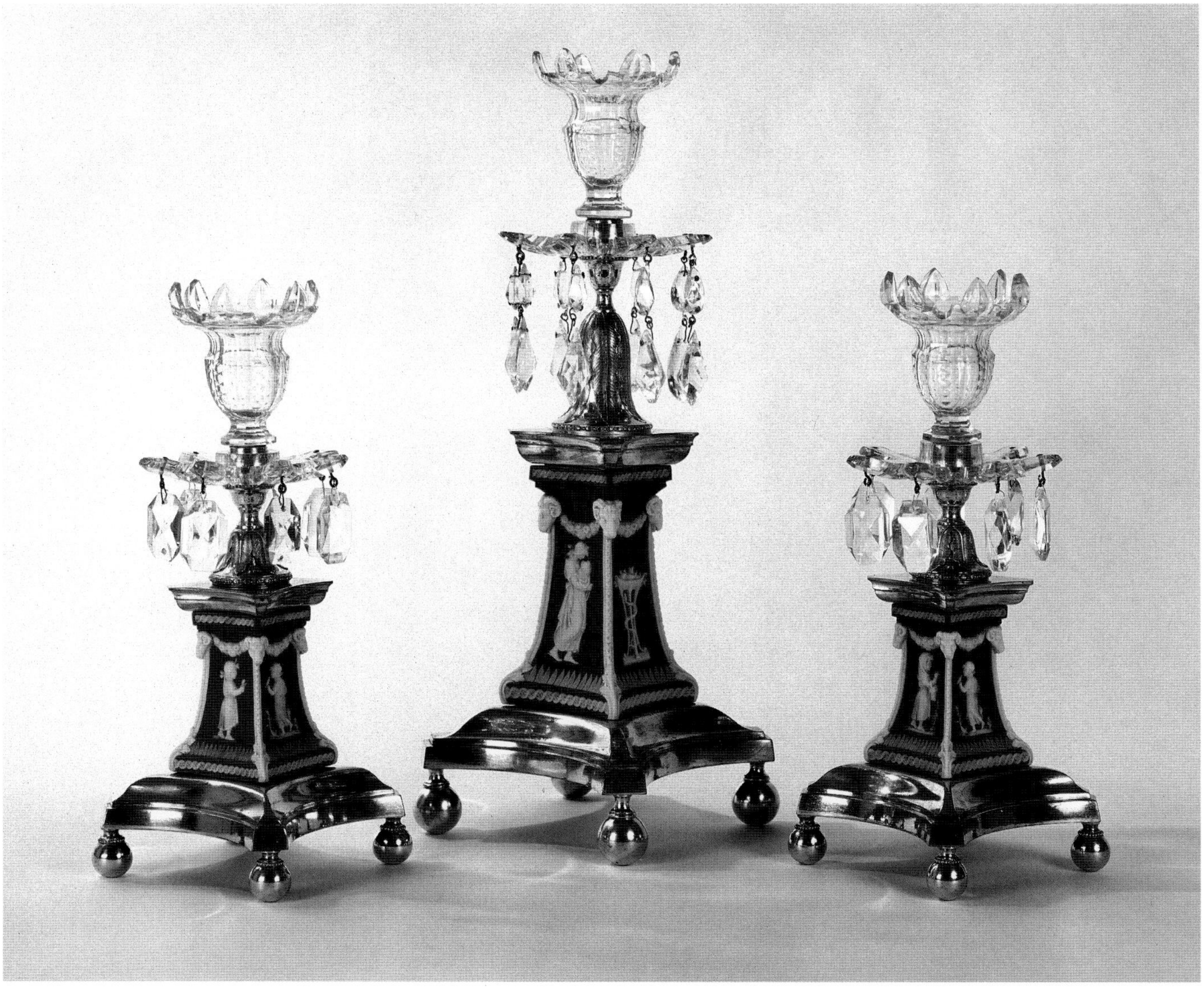

Drei Kerzenleuchter, um 1790 blau-weiße Jasper Ware, Gelbgußmontierungen, Kristallglasmontierungen erneuert (Murano), 36,9 cm bzw. 26,7 cm. Schloß Wörlitz, Bibliothekszimmer. Kulturstiftung Dessau-Wörlitz, Inv. Nr. II-939, 267, 337.

Auf der Suche nach Vollkommenheit veränderte er die Tonzusammensetzungen. Nach etwa 10.000 Probestücken, hergestellt während eines fünf Jahre dauernden Experimentes, hatte er Anfang 1775 ein neues Steinzeug marktfähig entwickelt, das er nach den vielfältigen Farbvarianten des Edelsteines Jaspis Jasper Ware nannte.

Das Produktionsgeheimnis wurde streng gehütet. Selbst seinem Partner Bentley teilte er die Zusammensetzung der Substanzen aus Angst vor Spionen in zwei getrennten Briefen mit. Heute ist das Rezept bekannt: 1 Teil Feuersteinmehl, 3 Teile Ton aus Purbeck (aus der Grafschaft Dorset), 1/4 Teil gebrannter und gewaschener Alabaster, 6 Teile Barytmehl verbergen sich hinter dem Geheimnis der Jasper Ware. Entstanden war ein feinkörniges, porzellanartiges Steinzeug von hoher ästhetischer Ausstrahlung.

Auf den getönten Oberflächen der Jasper Ware heben sich die weißen Reliefauflagen besonders gut ab und gewinnen zu den Randzonen hin an Transparenz. Die blütenweißen figürlichen Szenen und Ornamente sind teilweise so dünn, daß die Fondfarbe hindurch schimmert. Salbeigrüne, gelbe, lila, braune und schwarze Hintergründe sind bekannt. Vor allem aber die vielen Varianten des Blau, und hier besonders himmelblau, waren bei den Kunden sehr beliebt. Aus Jasper ließ sich praktisch alles herstellen: Teeservice, Manschettenknöpfe, Degengriffe, Kaminplaketten, Schachspiele, Porträtmedaillons, Grabmale, Weinkrüge oder Brückenverkleidungen – nichts war unmöglich.

Die Perfektion der Produktion

Seit ihrer Erfindung vor 200 Jahren hat sich die Produktion der Jasper Ware nicht verändert. Der mit Metalloxiden versetzte Keramikkörper wird mit den weißen Reliefs verziert und bei einer Temperatur von 1250° Celsius hartgebrannt. Der Ton versintert dabei völlig, das heißt er beginnt bereits zu schmelzen und geht in einen glasartigen Zustand über. Jasper Ware ist wasserundurchlässig und völlig säureresistent, läßt sich je nach Bedarf bemalen, vergolden, polieren und sogar glasieren. Die Farbe des Hintergrundes hängt vom jeweils eingesetzten Metalloxid ab; Kobalt ergibt beispielsweise das begehrte Blau.

Anfangs wurde der gesamte Scherben eingefärbt, doch diese Methode erwies sich bald als zu teuer. Wedgwood ließ daraufhin den Keramikkörper lediglich eintauchen (dip) oder übergießen (wash) und erzielte den gleichen Effekt – nur wesentlich preiswerter.

Formen und Motive entnahmen Wedgwood & Bentley ihren Vorlagenbüchern. Antike Ornamente und Reliefs standen bei seinen Kunden besonders hoch im Kurs. Und gerade dafür gab es auf Grund der herrschenden Mode Vorlagen in Hülle und Fülle. Allein die berühmte Gemmensammlung des Baron Stosch, sie wurde in Schwefelabdrücken vervielfältigt, umfasste 17.000 Motive.

Im Firmenkatalog von 1779 wurden 440 Kameen und 379 Intaglios (Gemmen mit vertieftem Relief) angeboten.

Dieser unerschöpfliche Fundus wurde von Wedgwood in einzigartiger Weise industriell genutzt. Ein Künstler, der das Modell eines Reliefs herstellte, hatte mit dem späteren Herstellungsprozeß der Keramik nichts mehr zu tun. Er stellte lediglich ein Wachs- oder Gipsmodell für Wedgwood her. Hochspezialisierte Modelleure in Etruria bearbeiteten im Folgenden die eingesandten Entwürfe. Zunächst fertigten sie aus Sicherheitsgründen Gipskopien an. Dann wurde ein leichtgebranntes Steingutrelief davon hergestellt. Der Entwurf verkleinerte sich durch den Brandschwund um etwa ein Siebentel der ursprünglichen Größe. Auf diesen Umstand mußte Wedgwood seine Künstler ständig aufmerksam machen. Er wünschte lieber größere Entwürfe, die er durch entsprechendes Brennen, auch mehrfach hintereinander, auf jedes gewünschte Maß verkleinern konnte. Die scharfen Konturen der Umrisse gingen dabei nicht verloren, da man ständig mit der originalen Form arbeiten konnte. Umgekehrt war die Vergrößerung eines Modells nicht möglich.

Von den Steingutreliefs wurden nun wiederum Gipsformen angefertigt, mit der Besonderheit, daß man das Motiv in seine einzelnen Bestandteile zerlegte. Solchermaßen verfügte Wedgwood über unendliche Variationsmöglichkeiten. Die Einzelteile konnten frei auf den Untergründen angeordnet werden. Bekannte Motive ließen sich mit anderen neu zusammenstellen und in ihren Größen nach Belieben verändern. Er konnte auf Wünsche eingehen und individuelle Objekte problemlos ebenso herstellen wie eine industrielle Großserie. Kunden in aller Welt äußerten sich entzückt über die kostbare Jasper Ware.

Künstler in Wedgwoods Auftrag

Von Beginn an bemühten sich Wedgwood & Bentley um gute Handwerker und Künstler, die ihren hohen Qualitätsansprüchen Genüge leisteten. Sehr früh gelang es, den besten Emailleur aus Leeds, David Rhodes, als Mitarbeiter zu gewinnen. Er war unter anderem für Bordüren auf Queens Ware, für „etruskische“ Bemalung der Basaltes-Vasen und das Marmorieren der Cream Ware zuständig.

Seine Stellung in der Fabrik war herausragend, denn vermutlich stammt von ihm die figürliche Bemalung auf der „First Day's Vase.“

Wedgwood setzte seinen hochbezahlten „Chinaman“ in London als Manager der Chelsea Decoration Studios ein. Hier unterstand ihm die Dekoration der Teile des „Husk Services“. Für die Bemalung des kaiserlich-russischen Geschirrs entwickelte Rhodes den charakteristischen Himbeerton.

Wedgwood bemerkte: „Er malt Blumen und Landschaften sehr hübsch."

Das gab auch den Ausschlag, ihm die Aufsicht über die Herstellung des „Frosch-Services" zu übertragen. Er war es, der anregte, farbige Hintergründe für weiße Reliefs herzustellen und damit die Entwicklung der Jasper Ware vorantrieb. Sein unverhoffter Tod 1777 bedeutete einen großen Verlust für Wedgwood. Besonders die Qualität der Bemalung von Queen's Ware litt eine gewisse Zeit darunter.

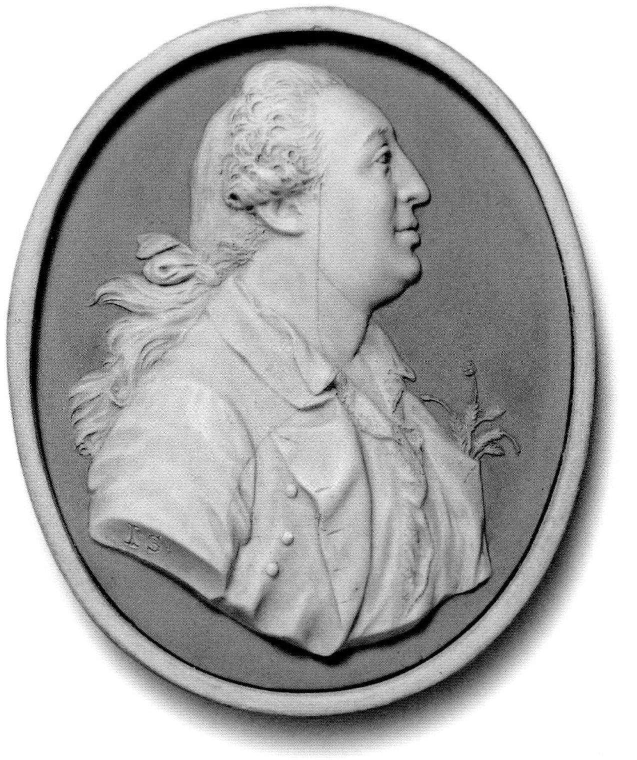

Joachim Smith, Porträt Johann Reinhold Forster, 1776, taubenblau-weiße Jasper Ware, alter Holzrahmen, H. 8,3 cm. Kulturstiftung Dessau-Wörlitz, Inv. Nr. II-1156. Der in London lebende deutsche Naturforscher J. R. Forster, der mit James Cook die Welt umsegelt hatte, schickte 1776 sein Wedgwood-Porträt an den Dessauer Fürsten.

William Hackwood ist sicher der Modelleur mit der größten Kontinuität in der Wedgwood-Firma, er arbeitete 63 Jahre für Etruria, der größten Keramikfabrik der Welt. Zu seinen bedeutendsten Arbeiten zählen heute die Porträts des britischen Königspaares, die Bildnisse von Wedgwood, Garrik, Shakespeare und Bentley. Sowie das weltberühmte Medaillon gegen die Sklaverei von 1787 „AM I NOT A MAN AND A BROTHER?". Hackwood modellierte eine Vielzahl von Entwürfen zweier sehr beliebter Amateurkünstlerinnen. Er arbeitete nach den sentimentalen Zeichnungen von Lady Diana Beauclerk und Lady Elizabeth Templetown, besonders nach deren „Domestic Employments".

Joachim Smith war der erste Modelleur, der ausschließlich für Wedgwood & Bentley arbeitete. Schon 1758 honorierte ihm die ehrenwerte Society of Arts London ein gelungenes Reliefporträt. In der Wörlitzer Sammlung sind von seiner Hand die Medaillons von Sir William Hamilton und Johann Reinhold Forster erhalten.

Smith entwickelte sich zu einem hartnäckigen Konkurrenten von John Flaxman, der ihn schließlich doch verdrängen sollte. Anfangs hegte Wedgwood Zweifel gegenüber dem jungen begabten Künstler und schrieb an Bentley: „Ich bin froh darüber, daß Sie einen Modelleur gefunden haben und daß Flaxman so ein wertvoller Künstler ist. Noch vor wenigen Jahren war er der größte Geck, doch ein wenig mehr Erfahrung mag ihn von dieser Schwäche kuriert haben."

Die Moralvorstellungen jener Zeit gerieten sehr bald in Konflikt mit den freizügigen Arbeiten der Antike. Doch wiederum wollte Wedgwood sich aus didaktischen Gründen so eng wie möglich an den Originalen orientieren. So schrieb er über Flaxmans Modelle, sie seien „...zu edel und nackt und antik“. Resignierend mußte er feststellen: „Die Figuren zu bekleiden, würde nicht nur viel zusätzliche Arbeit bedeuten, sondern auch eines erfahrenen Meisters bedürfen. Dann wären die Stücke auch nicht mehr echte Nachahmungen der antiken Figuren. Ich weiß, man könnte die entsprechenden

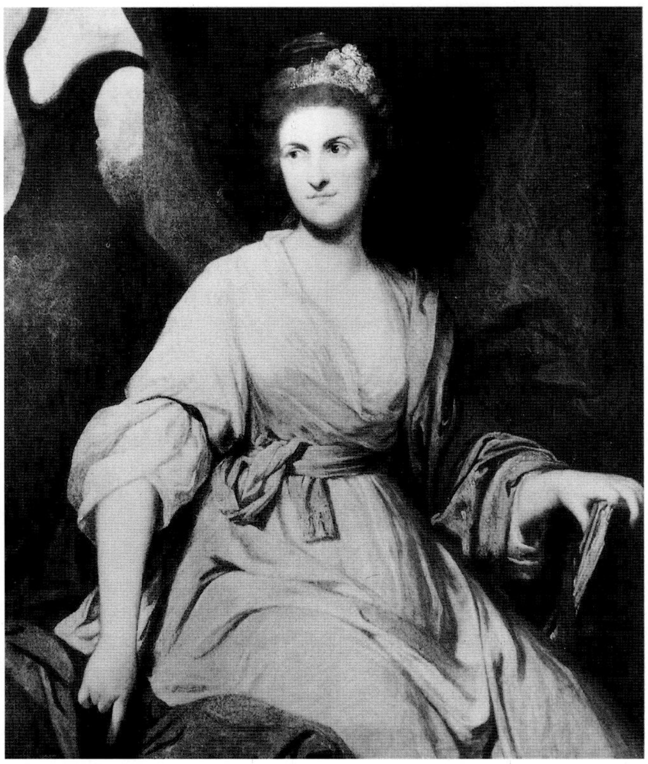

Sir Joshua Reynolds, Porträt Lady Diana Beauclerk, 1764/1765, Öl auf Leinwand, 127 x 102 cm, Reproduktion aus: R. Reilly, Wedgwood Jasper, London 1994 [The Iveagh Bequest, Kenwood].

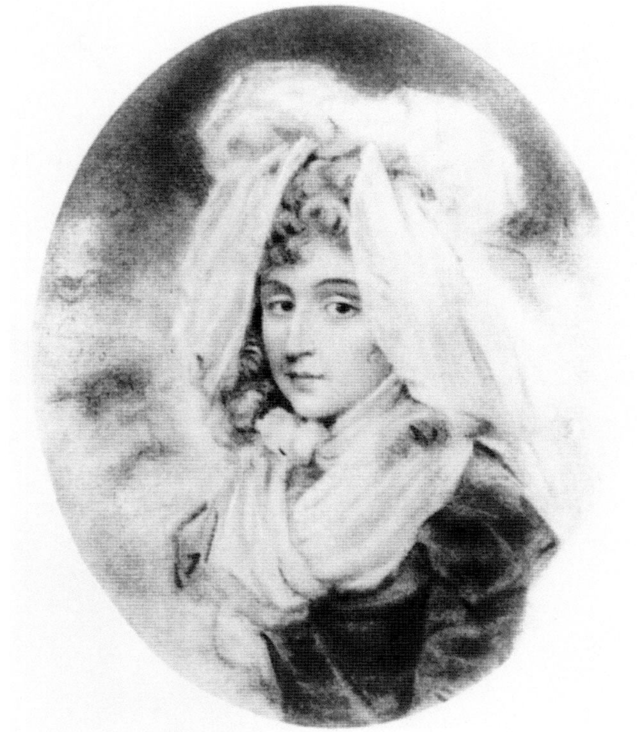

John Downman, Porträt Elizabeth Lady Templetown, 1790, Bleistift, 8,9 x 15,0 cm. Trustees of the Wedgwood Museeum.

Stellen mit Blättern kaschieren. Aber die nackte Figur ist bei den Griechen sehr weit verbreitet und es fällt schwer, ohne sie auszukommen.“

Mitte der 80er Jahre lieferte Flaxman die Skizze zu einem außergewöhnlichen Schachspiel in Jasper Ware. Die Figuren verkörpern literarische Gestalten, die der Königin wurde inzwischen identifiziert. Es handelt sich um Sahra Siddons, die damals berühmteste englische Schauspielerin, in der Rolle der Lady Macbeth. Zwischen 1785 und 1795 konnte Wedgwood 130 Schachspiele in unterschiedlichen Farben verkaufen.

Kurz darauf feierte Flaxman mit dem Modell der sogenannten „Apotheose des Homer“ (nach einem Vasenbild der Hamilton-Sammlung) seinen ersten Triumph. Ein Exemplar der herrlichen Vase ist im Potsdamer Marmorpalais erhalten und stammt aus dem Besitz des eng mit dem Dessauer Fürsten befreundeten Königs Friedrich Wilhelm II. von Preußen.

Ganz außergewöhnlich ist die Tatsache, daß auch Frauen Entwürfe für industrielle Serienfertigung lieferten. Eine von ihnen war Lady Diana Beauclerk, Tochter des Herzogs von Marlborough. Die talentierte und beliebte Künstlerin, der gefürchtete Kritiker Horace Walpole zählte zu den ihr ergebenen Freunden, zeichnete für Wedgwood reizende Entwürfe von Basreliefs mit Szenen spielender Kinder.

Lady Elizabeth Templetown, Gattin Lord Templetowns, entfaltete ihre Talente ebenfalls autodidaktisch. Ihre sentimentalen Entwürfe setzte William Hackwood um. Oft handelt es sich bei ihren kleinteiligen Zeichnungen um Sujets aus dem kindlichen und häuslichen Leben. Auf sie gehen die Reliefs auf den Jasper-Leuchtern der Wörlitzer Schloßbibliothek zurück, die William Hackwood modellierte.

Thomas Bentley wurde auf den exzellenten Tiermaler, George Stubbs, aufmerksam. Von seinen Zeitgenossen erhielt er den schmeichelhaften Beinamen „Reynolds der Pferdemaler“. Er schuf 1780 das Selbstbewußtsein ausstrahlende Gemälde der Wedgwood-Familie im Park von Etruria Hall.

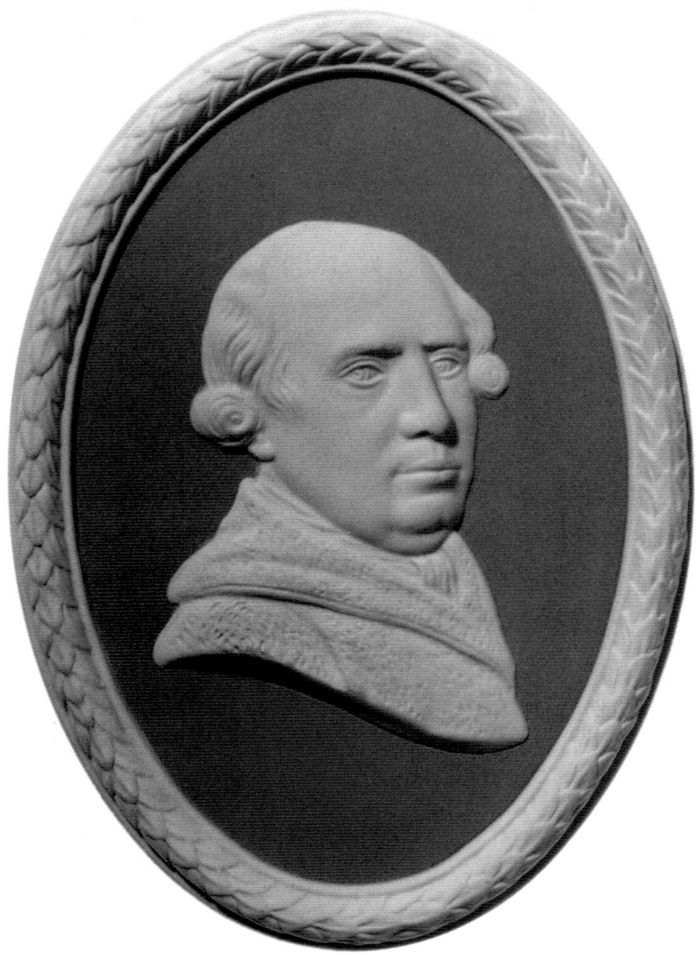

Porträt George Stubbs, undatiert, blau-weiße Jasper Ware, ohne Marke. The Wedgwood Museum Barlaston.

Nicht alle Künstler, die für die Keramikfabrik arbeiteten, können an dieser Stelle aufgeführt werden. Nach neueren Forschungen beschäftigten Wedgwood & Bentley während ihrer Partnerschaft 49 Bildhauer und 23 Maler. Insgesamt arbeiteten um 1785 etwa 15.000 – 20.000 Menschen für das Unternehmen.

Das erste Firmenporträt von Wedgwood in Deutschland

Fürst Franz pflegte bereits sehr früh, nachweislich seit 1772, mit der Fabrik von Wedgwood & Bentley in Etruria enge Geschäftsverbindungen. Daß es im gleichen Jahr bereits erstaunlich detaillierte Informationen für das deutsche Publikum gab, war der Forschung bislang nicht bekannt. Arthur Young veröffentlichte 1770 in London seine „Six Months Tour through the North of England". Die Reiseberichte sind in Briefform verfaßt und widmen sich Themen wie moderner Landwirtschaft, Beschreibungen von Landstrichen, Gartenanlagen und Schlössern sowie moderner Industrieeinrichtungen.

Der Übersetzer formulierte 1772 selbst Aufgabe und Ziel seiner Arbeit: „1) Daß die Englische Landwirthschaft in der Feldbestellung und vornehmlich in der Viehzucht in manchen Stücken vieles der unsrigen voraus hat, kann niemand läugnen (...) 2) In Rom wurden Wasserleitungen von einzelnen Personen, von Kaysern, aber auf öffentliche Kosten unternommen; in England führt ein Privatmann aus eigenem Vermögen einen Kanal über Thäler und Flüsse weg ... und befördert die Glückseligkeit vieler Tausende (...) 3) Die Liebhaber der Kunst hätten weit eher Ursache von England eine malerische Reise zu wünschen, als von Frankreich (...)"

Die einzelnen Informationen Youngs vermitteln hervorragend den Zeitgeist und liefern heute längst vergessene Details, daher wird an dieser Stelle die gesamte Passage der Beschreibung der Wedgwood-Fabrik abgedruckt. Im zwanzigsten Brief des zweiten Bandes heißt es:

„Von Newcastle-under-Line gieng ich nach Burslem, um die Staffordshirischen Töpferfabriken, welche das sogenannte Steinguth liefern, zu besehen. Sie sind in der ganzen Gegend ausgebreitet, und seit Jahren so erstaunlich aufgestiegen, daß man dreyhundert Häuser und in jedem im Durchschnitte zwanzig Personen zählt die solche Steinguth verfertigen. Dieß beträgt sechstausend Menschen, rechnet man aber alle dazu, welche die ersten Materialien zur Fabrik selbst liefern, so wird sich die ganze Summe nicht viel weniger als zehntausend belaufen; und die Anzahl wächst beständig.

Diese Fabrik hat ihr schnelles Wachsthum dem Herrn Wedgwood, welcher die größte Fabrik unter allen besitzt, zu verdanken. Seitdem er vor vier Jahren das milchfarbene Guth erfunden, ist der Absatz auf einmal so gestiegen, daß man es jetzt für große Summen nach Deutschland, Irland, Holland, Rußland, Spanien, Ostindien und vornehmlich nach Westindien führt, und auch etwas von der feinsten Waare nach Frankreich. Ein ansehnlicher Händler von Pontneuf zu Paris ist kürzlich da gewesen, und hat ein beträchtliches Kapital angelegt. Vielleicht ging seine Absicht weiter, als blos zu kaufen; die Franzosen reisen selten der Handlungsgeschäfte wegen, zumal da dieses durch einen Briefwechsel eben so gut verrichtet werden konnte.

Der Thon aus dieser Gegend wird zu der schlechten Waare genommen, zu der feinen holt man ihn aus Devonshire und Dorsetshire, vornehmlich von Biddeford; die Steine (flints) werden aus der Themse zur See nach Liverpool und Hull gebracht. Es ist weiter keine Ursache, warum man diese Manufaktur hierher verlegt hat, als weil es in dieser ganzen Gegend eine große Menge von Steinkohlen giebt. Diese Steine werden in Mühlen klein gestampft, der Thon wird durch Waschen und Sieben zubereitet, und alsdann mischt man alles in gehöriger Proportion unter einander. Die Einwohner kaufen in dieser Gegend die Steine auf, brennen und stampfen sie, und verkaufen sie nachgehends den Manufakturisten Metzen weise.

Man bringt die Masse alsdann in großer Menge in den Ofen, damit die Feuchtigkeit ausdünstet, hierbey ist aber viel Vorsicht nöthig, daß die Masse nicht zu trocken wird, man schlägt sie darauf hin mit großen hölzernen Hammern. Diese nunmehr zum Drehen bereite Materie wird in die Form gebracht, welch sie behalten soll, und dieß ist das vornehmste bey der ganzen Fabrik. Ein Knabe dreht ein perpendikular stehendes Rad, dessen Zähne in ein kleineres horizontales Rad greifen; vor diesem sitzt der Töpfer, und das Rad läuft dermaßen geschwind, daß der darauf gelegte Thon alle Formen annimmt, welche ihm der Töpfer mit dem Finger giebt.

Der Lohn bey dieser Manufaktur ist folgender: Diejenigen, welche die Steine stampfen oder mahlen, bekommen wöchentlich sieben Schillinge; die den Thon waschen und klein machen, acht Schillinge; die Töpfer oder Dreher neun bis zwölf Schillinge; die mit einer gewissen Maschine arbeiten, welche Herr Wedgwood erst bey dieser Fabrik eingeführte hat, zehn bis zwölf Schillinge; die die Handgriffe ansetzen, und andere feine Arbeit verrichten, neun bis zwölf Schillinge; die Vergolder zwölf Schillinge, und Weiber, welche dies verrichten, sieben bis einen halben Schilling; von den Modellirern bekommt einer hundert Pfund des Jahres; Maler zehn bis zwölf Schillinge; die Formen in Gyps machen, acht Schillinge.

England hat diese jetzt so blühende Manufaktur dem erfinderischen Geiste des Herrn Wedgwood vornehmlich zu danken. Er führte nicht nur die jetzige milchfarbene Waare zuerst ein, sondern hat nach der Zeit auch noch viele Verbesserungen vorgenommen. Die anderen Manufakturisten sind nur bloße Nachahmer von ihm; dies ist kein guter Umstand, der Wohlstand der Fabrik hängt so zu sagen von dem Leben eines einzigen Mannes ab. Er hat aber vor einiger Zeit mit einem Manne von Verstand und Einsichten einen Gesellschaftshandel errichtet, welcher ebenfalls viel Geschmack und Erfindungskraft besitzt; dieser wird die wichtige Fabrik hoffentlich nicht fallen lassen, wenn jener auch mit Tode abgehen sollte.“

Einige Seiten vorher beschreibt Young das gerade im Bau befindliche Kanalsystem in Mittelengland. Es geht zurück auf die Initiative des Industriellen Francis Egerton, 3. Herzog von Bridgewater. Sein Name scheint für ihn Anlaß gewesen zu sein, tatsächlich Wasser und Schluchten zu überbrücken – und zwar in Form von Kanälen – für den Transport der Steinkohle aus den Minen Bridgewaters. Mit unternehmerischer Energie verschrieb er sich dem Ausbau des Wasserstraßensystems. Er fand in James Brindley einen fähigen Ingenieur, der seine umwälzenden Pläne technisch umsetzte.

Wedgwood förderte den Kanalausbau leidenschaftlich. Er sah darin große Chancen für die Expansion seiner Fabrik. Schnell und billig konnten

Rohstoffe transportiert werden, die eigenen Fertigprodukte konnte man abseits der unsicheren Landstraßen bruchsicher per Schiff verschicken, da schien eine steigende Nachfrage garantiert. Der Herzog von Bridgewater gehörte zu den engsten Freunden Wedgwoods, gab 1765 ein eigenes Cream Ware-Service in Auftrag, mit der Maßgabe, es „...so vollendet auszuführen, wie es nur möglich wäre." Folgen wir nun den Ausführungen Arthur Youngs, die genau den Intentionen Wedgwoods entsprachen:

„Der Kanal ist durch große Bogen über die Heerstraßen und den Fluß geführt. Man sieht den Fleiß und Eifer der Arbeiter mit Vergnügen...da diese Kanäle zu den wichtigsten Unternehmungen dieses Jahrhunderts nicht nur in England, sondern in ganz Europa gehören...Der Kanal von Worsley bis Manchester ist zehn Meilen lang; seitdem er eröffnet worden, ist der Preis der Steinkohlen in Manchester um die Hälfte gefallen...Wenn der Kanal des Grafen Gower, welcher in den Trent fällt, und wodurch eine ununterbrochene Schifffahrt von Hull bis Liverpool quer durch ganz England von einem Meere zum anderen, und zwischen allen in dieser Lage befindlichen Oertern errichtet wird, einmal zu Stande gebracht ist, so haben die Engländer der unstreitig sehr wichtige Vortheile davon zu erwarten."

Wedgwood setzte hohe Erwartungen in diese Unternehmungen, mit Recht, wie sich bald herausstellte. Die enormen Transportkosten ließen sich deutlich senken, die Bruchgefahr der Ladung verminderte sich erheblich. Auf die Preisgestaltung wirkten sich diese Neuerungen sehr günstig aus. Zusätzlich ergaben sich durch das Engagement des Keramikproduzenten ein Netz wichtiger Geschäftsbeziehungen und neue Käufer.

Der Tod des Partners als große Herausforderung

Unverhofft starb 1780 Thomas Bentley. Der Tod des Partners und Freundes war für Josiah ein schwerer Schock, den er nur langsam verarbeiten konnte. Von jetzt an führte er das Unternehmen allein weiter und intensivierte seine Experimente, um sich durch Arbeit abzulenken. Nach dem Tode seines „Art Directors" und „PR-Managers" hatte er die Firma allein zu leiten, Muster selbst auszusuchen und Kontakte zu den Kunden und Künstlern aufrechtzuerhalten.

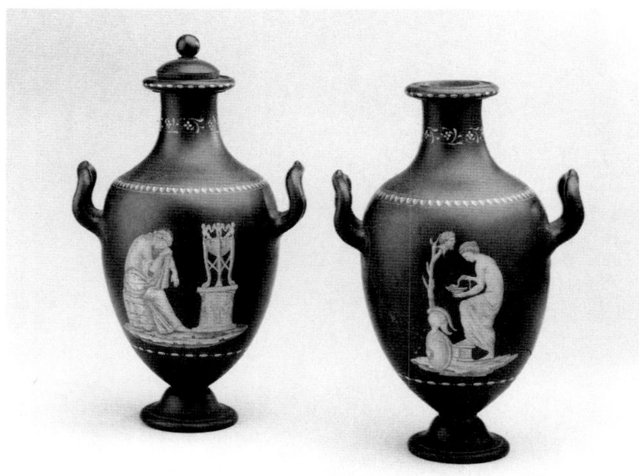

Wedgwood-Fabrik: Ein Paar Hydriavasen, Black Basaltes, rotfigurige Emailmalerei, weiß gehöht, um 1790, H. 25, 9 (ohne Deckel), ohne Marke.
Schloß Wörlitz. Kulturstiftung Dessau-Wörlitz, Inv. Nr. II-393, II-405.
Die Bemalung erfolgte in besonders hoher Qualität.

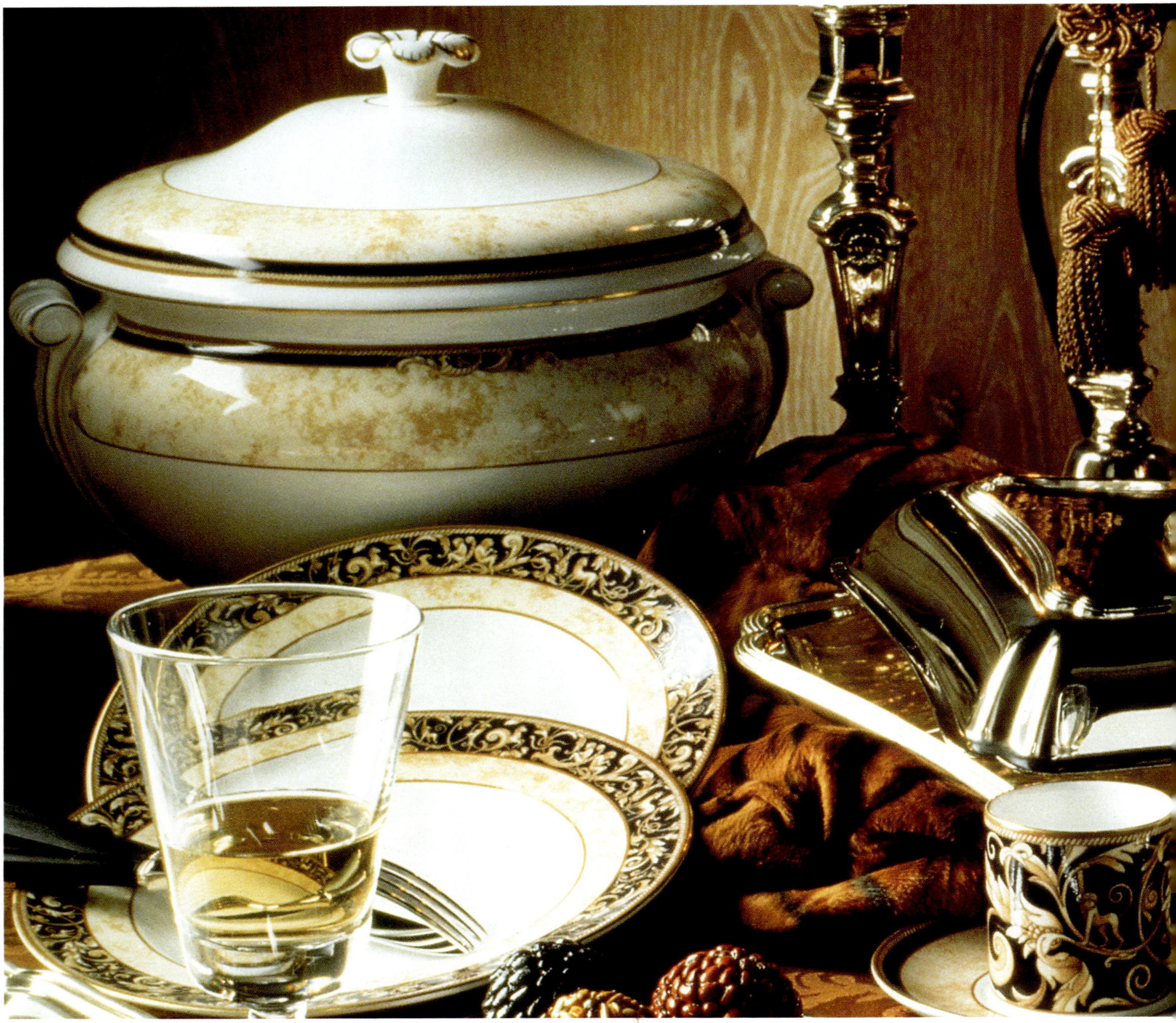

Im Mittelpunkt des Tafel- und Kaffeeservice aus Fine Bone China steht das märchenhafte Einhorn: Cornucopia, ein Name der sich aus dem überquellenden Füllhorn ableitet. Die breite blaue Arabeske erinnert an das reiche Formengut der italienischen Renaissance.

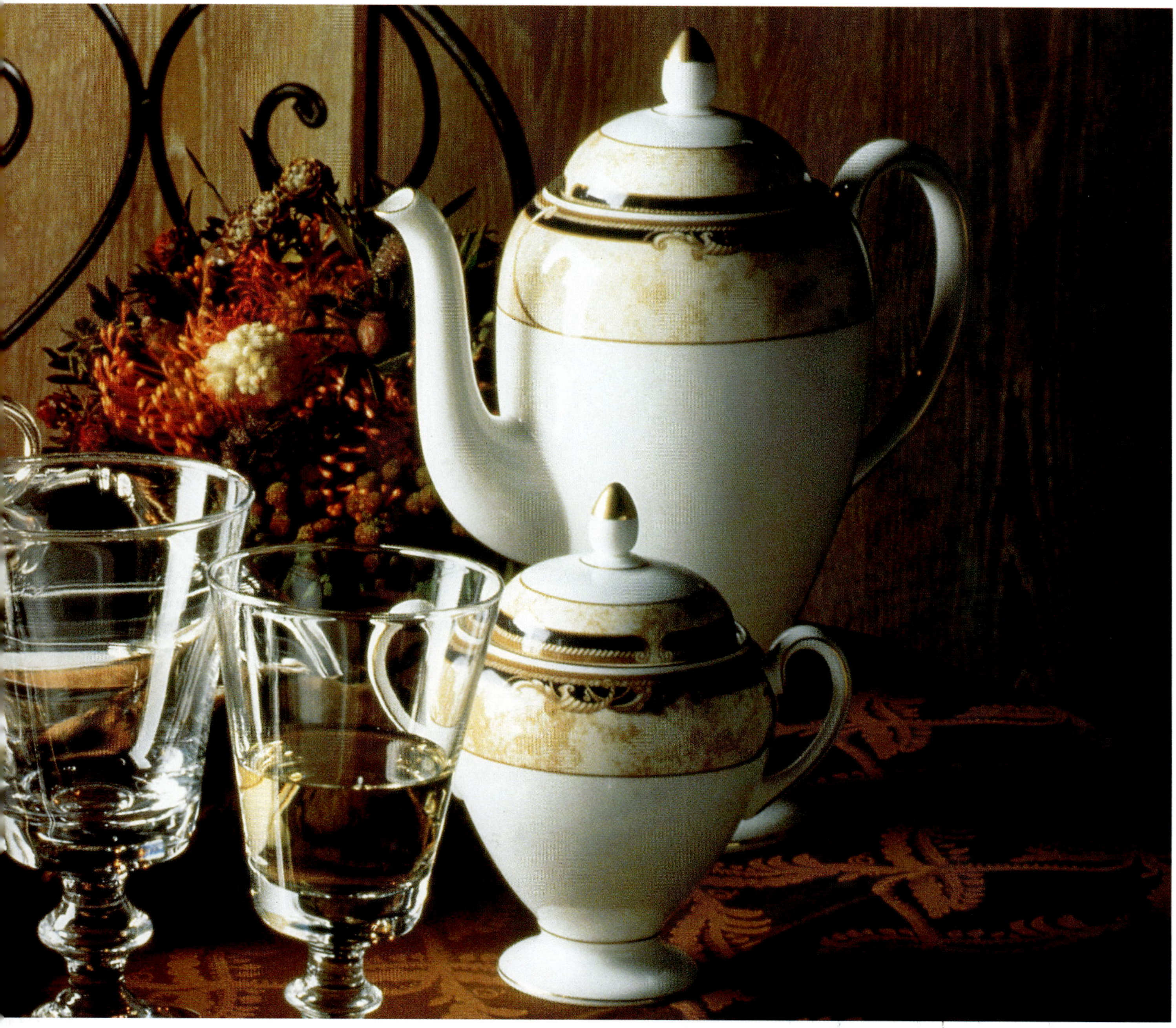

Himmelblaue Jasper Ware war sehr beliebt, wobei die Farbpalette aber recht groß gewesen ist: Dunkelgrün, braun, schwarz bis zu lila und gelb fanden Verwendung, und nicht nur Hintergründe, sondern auch zart getönte Reliefs gab es neben den „klassisch" weißen. Ab 1782 wurden größere Gefäße und Statuetten aus Jasper Ware hergestellt. Die anfangs völlig durchgefärbte Masse ersetzte Wedgwood aus Kostengründen ab 1785 durch ein Verfahren, das er „dip" oder „wash" nannte.

Zwischen 1774 und 1782 arbeitete er stetig an der Verbesserung der Tonmischungen und vor allem der Brenntechnologie; wie Black Basaltes wird auch Jasper Ware mit sehr hohen Temperaturen gebrannt. Erst bei über 1250 °C versintert der Ton zu einer eher glasartigen Masse, daher ist die Beherrschung der exakten Brenntemperatur besonders wichtig für ein qualitätvolles Produkt. Eine zu hohe Brenntemperatur führt dazu, daß der Töpferton glasiert, Blasen bildet oder schmilzt. Schaut man sich die wunderbar leichten Reliefs auf den zartfarbigen Untergründen an, wird deutlich, daß Wedgwood diese schwierigen technischen Probleme schließlich meisterhaft beherrschte. Aus den vorgenannten Experimenten resultierte 1783 die Erfindung des Pyrometers, eines Meßgerätes für hohe Temperaturen. Dieses Gerät steigerte seinen Ruhm dermaßen, daß er sogar in die Royal Society aufgenommen wurde. Durch diese Mitgliedschaft erhielt er wertvolle Kontakte zu den führenden Naturwissenschaftlern seiner Zeit.

Georg Forster – der deutsche Naturwissenschaftler und spätere Jakobiner in Mainz, der auf das engste mit dem Dessau-Wörlitzer Gartenreich in Verbindung stand – war an den Forschungsergebnissen der Wedgwood-Fabrik sehr interessiert. Sein bester Freund, Georg Christoph Lichtenberg, Verfasser der berühmten Kommentare zu William Hogarths Kupferstichen, berichtete in einem Brief vom Juli 1782 an ihn folgendes: *„Die Königliche Societät, schreibt man mir unter dem 11. Junii dieses Jahrs, hat einen vortrefflichen Aufsatz von dem bekannten Hrn. Wedgwood erhalten. Er beschreibt in demselben ein Thermometer für hohe Grade von seiner eigenen Erfindung. Es gründet sich auf die Eigenschaft des Thons, sich in der Hitze in Verhältnis der Intensität derselben zusammen zu ziehen. Er empfiehlt dazu vorzüglich den Cornwallischen Pfeifenthon, als der sich am wenigsten verglase. Aus diesem Thon verfertigt er in einem dazu eingerichteten Instrument Würfel, von gleicher Gröse, trocknet sie in mässiger Hitze, und bewahrt sie zum Gebrauch auf.*

Wenn er nun die Hitze eines Ofens bestimmen will, so legt er einen dieser Würfel hinein, und wartet bis er die Hitze desselben angenommen und sich also gehörig zusammengezogen hat.

Da nun der Thon zugleich auch die Eigenschaft besitzt, sich durch plötzliche Erkältung nicht wieder auszudehnen, so steckt er den Würfel, so wie er ihn aus dem Ofen genommen wird, sogleich in kaltes Wasser, und mißt alsdenn dessen Seite. Der Maaßstab, womit dieses geschieht, ist ein aus Messing verfertigter Canal (eine Nute), 2 Fuß lang mit auf dem Boden senkrecht aber allmählig gegeneinander zulaufenden Seitenwänden. Diese Wände stehen an einem Ende einen halben Zoll, oder so weit von einander ab, als die Seite des Würfels beträgt, nachdem er die in der Hitze des kochenden Wassers getrocknet worden, am andern aber nur

3/10 Zoll. Die eine Seite dieses Canals ist auswendig in 240 gleiche Theile getheilt, wodurch also jeder Theil 3/10 Zoll groß wird. Soll nun die Hitze des Ofens bestimmt werden, so wird der in demselben geglühte und nachher abgelöschte Würfel in die Nute eingeschoben, und so lange fortgerückt bis er stockt, oder an die Stelle des Canals kömmt, die gleich so weit ist, als die Seite des nunmehr zusammengezogenen Würfels. Die ausserhalb stehende Zahl giebt alsdenn den Grad der Hitze. Hrn. Wedgwood's 0 steht also da, wo Fahrenheits Siedepunkt steht. Die Abhandlung selbst wird in dem 2then Theil der Philosophischen Transactions von diesem Jahr erscheinen."

Die Portland-Vase und der Wörlitzer Flora-Tempel

Wedgwoods spektakulärste Kopie nach einer antiken Vase war die der berühmten „Portland-Vase". Die frühe Geschichte und der genaue Fundort des antiken Glasgefäßes in Form einer Spitzamphora, das als Vorbild diente, sind unbekannt. Nach der Legende soll die Vase mit abgebrochenem Boden in einem Marmorsarkophag 1582 auf dem römischen Monte del Grano ausgegraben worden sein; dann gelangte sie in den Besitz des Kardinal Francesco Maria del Monte. 1627 erwarb sie der kunstsinnige Kardinal Francesco Barberini für 600 Scudi. Nach ihm wurde sie lange Zeit „Barberini-Vase" genannt. Mittlerweile hatte die Vase bereits gewisse Berühmtheit erlangt, und erste Abbildungen entstanden. Sogar den Maler Peter Paul Rubens bat man um eine Deutung der Reliefdarstellung. Das Ergebnis ist nicht überliefert.

Das Glasgefäß entstand um 25 v. Chr. wohl in einer römischen Werkstatt. Das komplizierte Herstellungsverfahren, die sogenannte Überfangtechnik, weist das Gefäß von vornherein einem aristokratischen Auftraggeberkreis zu, wenn es nicht gar Kaiser Augustus selbst gewesen ist. Der dunkelblaue Vasenkörper ist mit einer zweiten, milchigweißen Glasschicht überzogen, aus der die erhabenen Reliefs in höchster Präzision herausgeschnitten und geschliffen werden mußten.

Die ikonographischen Details der Reliefs beschäftigen bis heute Archäologen und Kunsthistoriker; 1989 erfolgte eine neue Deutung, wobei die zentralen, weiblichen Darstellungen beider Szenen ein größeres Interesse erfuhren. Die Figuren des Reliefs „A" oder „1" werden als Atia, Mutter des Augustus, Apollo und Neptun gedeutet, über der Szene schwebt ein Eros; Relief „B" oder „2" wäre dann Hekabe mit der Fackel in der Hand, umgeben von Venus und Paris.

Den abgebrochenen Gefäßboden ersetzte man bereits in der Antike mit einer vermutlich fast gleichaltrigen Glaskamee, die einen nachsinnenden Paris zeigt, der sich inhaltlich in den oben genannten Themenkreis einfügen ließe. Diese Ausdeutung der Szenen ließe nun auf eine Machtallegorie Roms schließen. Die Kostbarkeit des Gefäßes würde diese Absicht unterstreichen.

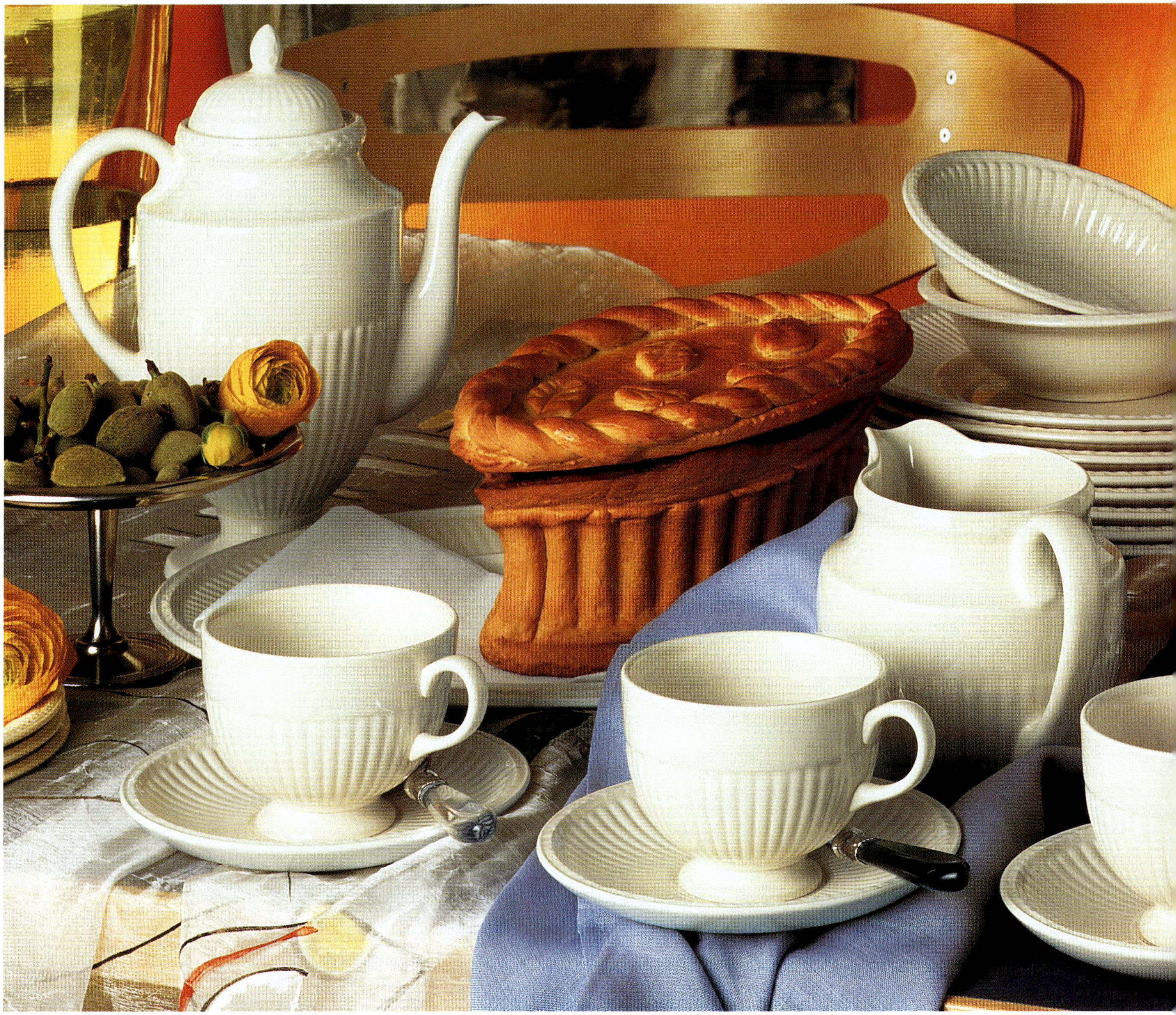

Josiah Wedgwood begründete mit der Queen's Ware seinen Ruf als „Meistertöpfer des Universums" und bestimmte mit seiner Keramik die Tischkultur von Kaiserinnen und Königinnen. Angelehnt an die klaren Umrisse des Klassizismus entwarf John Goodwin 1908 die Form „Edme".

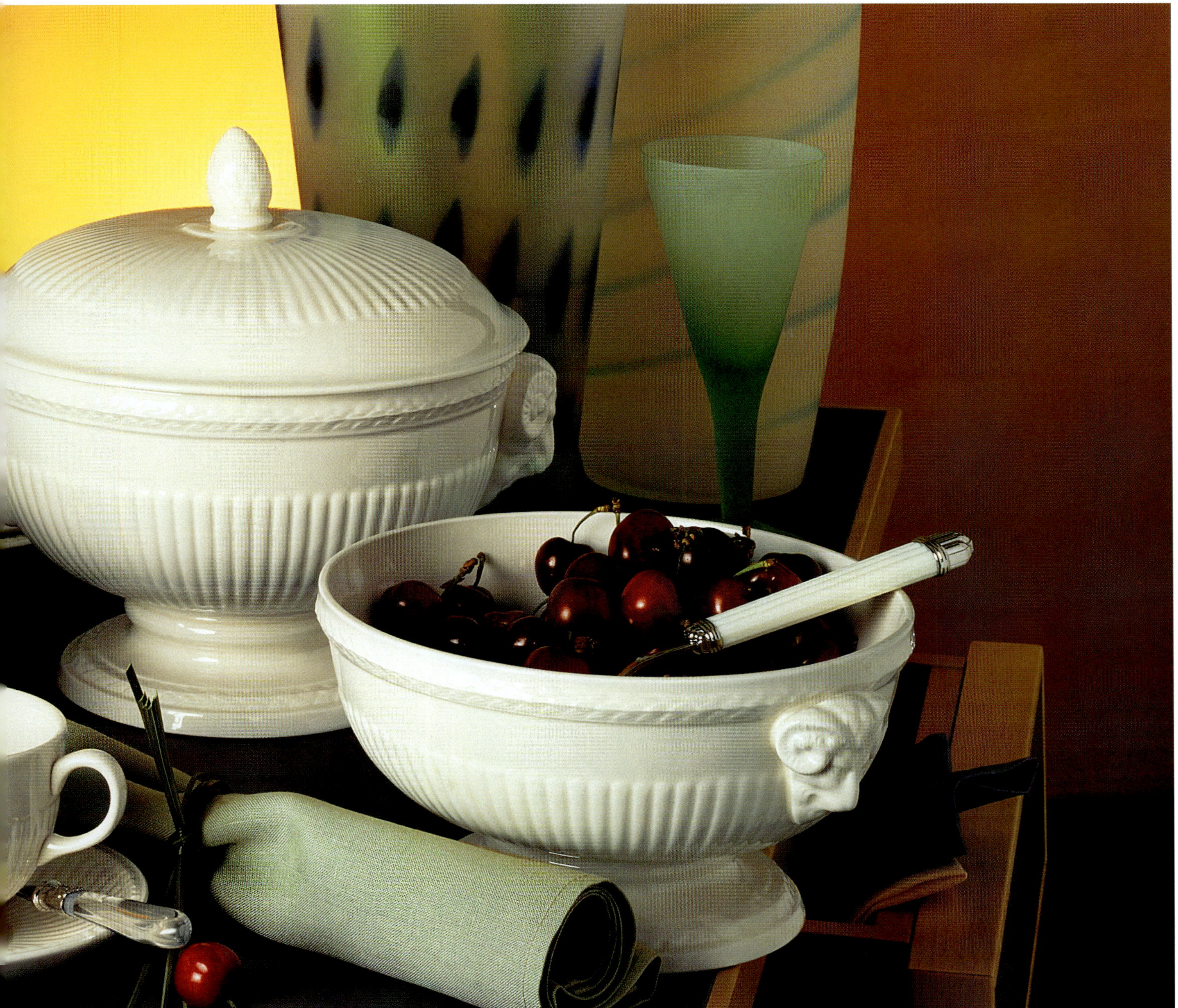

Die „Barberini-Vase“ blieb im Besitz der Familie bis zu ihrer Veräußerung durch Prinzessin Donna Cornelia Barberini-Colonna, einer leidenschaftlichen Spielerin. Von ihr bekam der Schotte James Byres, der in Rom als Architekt und Reiseführer arbeitete, das wertvolle Stück. Er verkaufte die Vase Anfang 1783 für 1000 Pfund an Sir William Hamilton, allerdings mit der Bedingung, daß der in Rom tätige Bildhauer James Tassie einen Gipsabdruck von der Vase nehmen konnte. Der Kunstsammler, der sich das kostbare Stück selbst nicht leisten konnte, brachte es in gebotener Eile im Frühsommer des gleichen Jahres nach England. Hier präsentierte er sie der reichen Witwe des Herzogs von Portland, die die „Barberini-Vase“ sah und bereits am 15. Januar 1784 für 2000 Pfund erwarb. Nach dem Tod der Herzogin wurde die „Portland-Vase“ 1786 versteigert und gelangte in den Besitz des Dritten Herzogs von Portland. Von ihm erbat sich Josiah Wedgwood die Erlaubnis zur Herstellung einer Kopie, und nach der erteilten Genehmigung durfte der Keramikunternehmer die Originalvase, die mittlerweile in drei Teile zerbrochen war, bereits wenige Tage nach der Auktion ausleihen.

In der Zwischenzeit verfertigte William Hackwood nach dem Modell von Henry Webber das berühmte Medaillon: „AM I NOT A MAN AND BROTHER?“, jenes Medaillon, das Wedgwood in den Fragen der Kolonialpolitik erstaunlich früh als einen überzeugten Verfechter demokratischer Auffassungen charakterisiert.

Seit 1786 arbeiteten fast vier Jahre lang die besten Modelleure der Fabrik an der Kopie der Barberini/Portland-Vase, die man wegen der enormen Kosten nur über Subskription vertreiben wollte. Wedgwood konnte seine Kunden im Frühjahr 1790 zur Präsentation seiner Jasper Ware-Version in die Show-Rooms der Greek Street einladen. Die Perfektion der Kopie und deren hohe Qualität als Kunstwerk ließ sich Wedgwood sehr werbewirksam von Sir William Hamilton und vor allem vom Präsidenten der Royal Academy, Sir Josuah Reynolds, offiziell bestätigen.

Der Verkauf der Portland-Vase wurde von Wedgwood meisterhaft organisiert. Sein Sohn, Josiah Wedgwood, erhielt den Auftrag, die Keramik-Kopie in den wichtigsten europäischen Städten zu präsentieren. Möglicherweise sah auch Fürst Franz von Anhalt-Dessau die Vase persönlich während dieser Tour, die u.a. nach Berlin und Hannover führte.

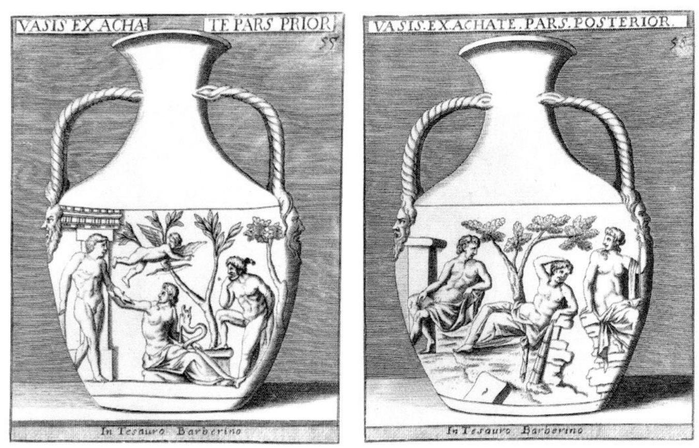

Die „Barberini-Vase“, nachmals Portland-Vase. Kupferstich aus: M. A. Causeus, Romanum Museum sive Thesaurus eruditae antiquitates, Rom 1707. Sammlung des Autors. 1. Abb. Das Relief der kostbaren Vase wird heute als Atia, Mutter des Augustus, Apollo und Neptun gedeutet, über denen ein Eros schwebt. Wahrscheinlich hatte Fürst Franz die antike Vase im römischen Palazzo Barberini während seiner Grand Tour 1766 gesehen. 2. Abb. Das „posterior“ (rückwärtige) Relief wird heute als Hekabe, Venus und Paris bezeichnet.

Damit endet die „Vasenstory" noch nicht. Der Vierte Herzog von Portland übergab 1810 das Originalgefäß dem British Museum als Leihgabe. Von einem Betrunkenen wurde 1845 die Vase im Museum zerschlagen. Nach erfolgter Restaurierung befand sie sich bis 1929 in der Dauerausstellung des Museums, nun sollte sie auf einer Auktion bei Christie's zur Versteigerung gelangen. Der Verkauf kam nicht zustande, und schließlich erwarb das British Museum 1945 die Portland-Vase endgültig. 1948 wurde sie einer gründlichen Restaurierung unterzogen. Daß die Vase als Markenzeichen der Wedgwood-Fabrik seit 1878 für die Fine Bone China-Produkte Verwendung findet und heute das Signet der Firma bestimmt, soll an dieser Stelle nicht unerwähnt bleiben.

Doch zurück nach Wörlitz: Erdmannsdorffs letztes Bauwerk für die Wörlitzer Anlagen, den Flora-Tempel, läßt der Fürst ab 1796 errichten. C. A. Boettiger sah ihn auf seiner Wörlitz-Reise 1797 noch unvollendet, und auch August Rode konnte 1798 noch keine Angaben zum vollendeten Gebäude machen. Der unter Fürst Franz vielbeschäftigte Dekorationsmaler Johann Fischer aus Berlin war 1798 mit der Ausmalung beauftragt, die Rode wie folgt beschreibt: „Die Decke malt so eben Herr Fischer a tempera. Im Mittel, in einer von einem Kranze blühender Rosen umgebenen Rundung, ist die Göttin Flora, von Horen und Amorn begleitet, mit einem reichen Schatze mancherlei Blumen vom Olymp herniederschwebend vorgestellt; Auf den vier Seiten aber blühen in Vasen die vorzüglichsten der einer jeden der vier Jahreszeiten eigenen Blumen."

Interessanterweise bediente sich Erdmannsdorff bei der Motivauswahl des Deckengemäldes eines Vorbilds aus dem Titus-Palast in Rom, und Josiah Wedgwood verwendete die gleiche Idee für Reliefs auf Jasper-Vasen, von denen sich eine heute zum Beispiel im historischen Bestand des Potsdamer Marmorpalais befindet, was für die Beliebtheit der Darstellung im 18. Jahrhundert spricht.

Von besonderem Interesse sind gemalte Vasen mit Blumendekor, auf die Rode nicht näher einging. Es handelt sich um Gefäße, die dem Fürsten aus Hamiltons „Collection" bekannt gewesen sind oder sich bereits gar in dessen Kunstsammlung in Form von Wedgwood-Kopien befanden. Ein schwarzer, rotfigurig bemalter Krater, der an die Ostwand gemalt wurde, befindet sich auf dem Kaminsims im Speisesaal des Schlosses. Hier im Flora-Tempel wird er von Erdmannsdorff als Blumenvase aufgefaßt. Auf Flora, die römische Göttin der Blumen und Vegetation, geht die Ikonographie des Tempels besonders ein. Der Architekt entwarf neue, antikisierende Wandmalereien.

„Etruskische" Vasenabbildungen rahmen an der Nordwand die bildliche Darstellung der „Portland-Vase" ein. Das berühmte Kunstwerk wird in seinen zwei Hauptansichten exakt auf der Wand reproduziert, soweit es die verwendete Vorlage ermöglichte. Fürst Franz besaß, sicher aus finanzieller Erwägung, keine Wedgwood-Kopie der „Portland-Vase", doch war er sich deren hoher kulturhistorischer Bedeutung wohl bewußt.

Wedgwood-Keramik in der Wörlitzer Villa Hamilton

◆

Eingangs war bereits die Rede davon, daß Sir William Hamilton in Neapel mit dem Dessau-Wörlitzer Gartenreich und dessen Kunstschöpfungen in enger Beziehung stand. Fürst Franz drückte das in einzigartiger Weise aus. Von 1788 bis 1794 ließ er am östlichen Ausläufer des Wörlitzer Sees eine künstliche Felseninsel errichten. Laut August Rode sollten „verschiedene auf Sicilien, auf der Campanischen Küste und überhaupt in diesen Gegenden zerstreuete große Gegenstände der Natur und Kunst nachgebildet" (werden).

Um seine Kenntnisse zu vertiefen und Hamilton wiederzusehen, reiste von Erdmannsdorff 1790 extra nach Neapel. Hier konnte er das Casino Mappinola, die berühmte sogenannte Villa Emma, besichtigen. Der reizvolle Pavillon am Posilippo wurde in Wörlitz nachgestaltet.

Die Villa Hamilton liegt auf einer Klippe über dem Wörlitzer See direkt am Fuße des künstlichen „Vesuvs". Auch mit Hilfe der Pflanzenwelt versuchte der Fürst die Gedanken nach Italien zu versetzen: Vor der Tür der Villa stehen Feigenbäume und auf dem Dach des Hauses Agaven in Kübeln.

Das Gebäudeinnere ist in drei Zimmer unterteilt, eines davon ließ man mit einem Kamin ausstatten. Zu Erdmannsdorffs Meisterleistungen zählt ganz ohne Zweifel dieses Kaminzimmer der Villa Hamilton. Virtuos und anmutig gestaltete er hier ein kostbares Refugium, über das der geistreiche Kunstkenner Fürst von Ligne begeistert äußerte: „Es ist ein Haus, was äußerlich überaus einfach und artig aussieht, aber von innen ungemein prächtig ist. Es ist ganz im Styl des Herculanum, und alles ist in dieser Manier mit eben dieser Vollkommenheit ausgeführt (...) Mit entzückter Betäubung (kehrt man) nach Hause zurück."

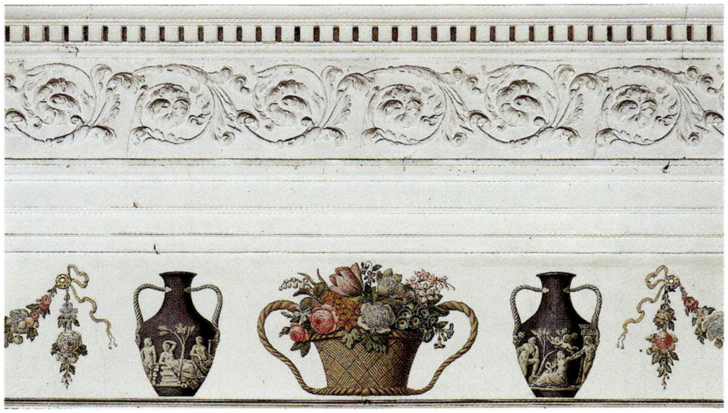

Zwei Ansichten der Portland-Vase, Wandmalerei im Wörlitzer Flora-Tempel von Johann Fischer 1797.

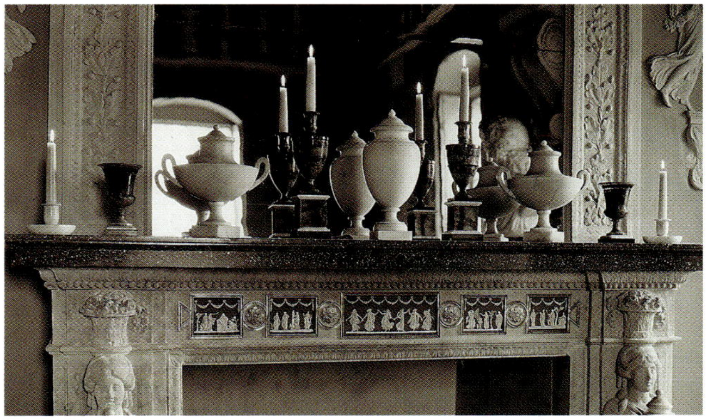

Ansicht der Kaminmaske in der Villa Hamilton, Kaminzimmer. Fünf Wedgwood-Medaillons aus Jasper Ware. In der Mitte befand sich die Plakette mit der Darstellung der „Dancing Hours" von John Flaxman, flankiert von Opfern für die Göttin Flora.

Erlesene Kunstwerke erwarb Fürst Franz vor allem für die Ausstattung des Kaminzimmers.

In die Maske des Kamines und die Seitenwangen ließ er blau-weiße Plaketten aus Jasper Ware in feuervergoldeten Bronzerahmen einsetzen. Auf Grund ihrer hervorragenden Qualität, die hellblaue Fondfarbe leuchtet durch die Gewänder des Apolls und seiner neun Musen, vermutet man, daß sie von John Flaxman stammen. Darunter befanden sich die berühmten „Dancing Hours with festons or garlands“. Von ehemals dreizehn Plaketten sind heute noch acht erhalten. Neben zwei rechteckigen mit dem Motiv des „Apoll und Musen“ gibt es sechs ovale Medaillons: Hymen, Amor, Hebe, Fortuna, Hermes und Venus.

Sehr interessant ist das übrige sehr fein aufeinander abgestimmte Dekor des Raumes. Dabei wird deutlich, wie verblüffend ähnlich die Formensprachen von Wedgwood und Wörlitz sind. Die „Dancing Hours“ adaptieren das Borghese-Relief und lassen auch die berühmten Horen aus Herculaneum anklingen. Von den letzteren hängen kolorierte Kupferstichreproduktionen an den Wänden des Kaminzimmers. August Rode dazu: „Diese angenehmen Gestalten (...) sind als in der Luft schwebend vorgestellt (...) Ihre Gewänder scheinen so leicht als Träume zu sein (...) Man nannte diese wollüstigen Arten der Kleidung Tarentinidiae (...) Man bedient sich noch heut zu Tage (...) dieser zu Neapel, zu Strümpfen und zu Handschuhen.“ Nach dergleichen Motiven gab Lady Hamilton ihre berühmten „Attitüden“ und diese zeichnete der im Auftrage des Fürsten Franz in Rom tätige Maler und Kunsthändler Friedrich Rehberg 1794. Goethe, für ihn war Hamilton ein „Mädchenkenner“, war davon während seiner Italienischen Reise bereits völlig verzaubert und berichtete über einen schwarz ausgeschlagenen Kasten mit Bronzerahmen, der als Hintergrund für die berühmten pantomimischen Vorstellungen diente. Sie fanden selbstverständlich nur vor erlesenem Publikum statt.

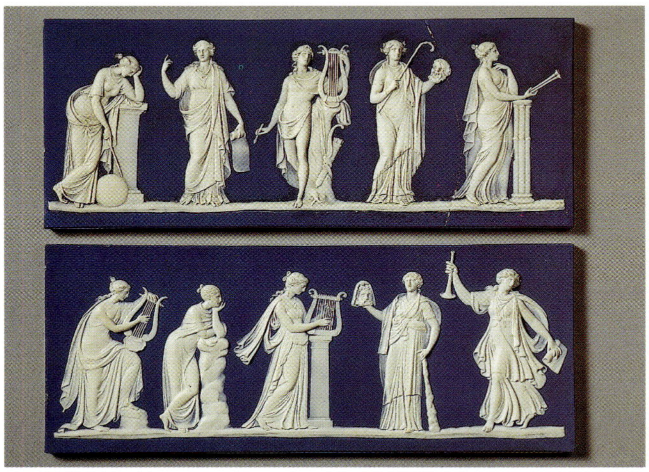

Wedgwood-Fabrik: Zwei Kaminplaketten „Apoll und die neun Musen“, blau-weiße Jasper Ware (dip), um 1792, je 8,3 x 21,0 cm. Von den Seitenwänden des Kamins in der Villa Hamilton. Kulturstiftung Dessau-Wörlitz, Inv. Nr. II-418, II-417.

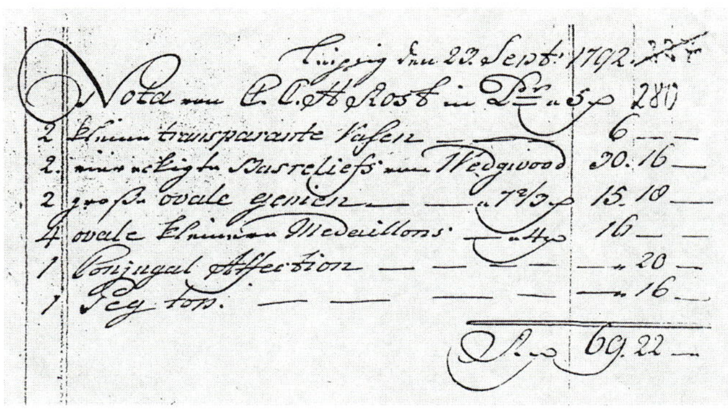

Leipzig den 22. Sept. 1792.
Nota von C. C. H. Rost ... 280
2 kleine transparante Vasen — 6
2. viereckigte Basreliefs von Wedgwood — 30.16
2 große ovale Genien — 15.10
4 ovale kleinen Medaillons — 16
1 Conjugal Affection — 20
1 Peyton — 16
69.22

Quittung des Leipziger Kunsthändlers Rost aus dem Jahre 1792:
„2 viereckigte Basreliefs von Wedgwood 30. 16
2 große ovale Genien 15. 10
4 ovale kleine Medaillons 16.“
Landesarchiv Oranienbaum. Fürst Franz erwarb zur Verzierung des Kamins in der Villa Hamilton Wedgwoodplaketten im Wert von 61 Talern und 26 Groschen.

Ein stuckierter Fries über den „Herculanischen Tänzerinnen“ geht ebenfalls auf die bereits genannten Vorbilder zurück und verbindet sie zudem mit Malereien nach den vatikanischen Loggienfresken Raffaels. Vielleicht stammen die sehr genau gearbeiteten, flachen Reliefs vom jungen Hofbildhauer Friedemann Hunold, der auf Grund einer Empfehlung aus Sachsen-Altenburg-Gotha eine Anstellung in Dessau fand.

August Rode nennt in seiner Beschreibung das oft zitierte Vorbild der Borghesischen Tänzerinnen. In der Villa Hamilton sind die Figuren jedoch vom Hintergrund gelöst und spielen vielleicht auf die bereits erwähnte Kaminmaske in Moore Park, Hertfordshire, an.

Zur Erwerbsgeschichte der übrigen Wedgwood-Plaketten des besagten Kamins konnten 1995 die entsprechenden Quellen aufgefunden werden. Demnach hatte Fürst Franz einzelne Medaillons 1792 vom Leipziger Kunsthändler Rost angekauft. Vielleicht war er der erste in seiner Zunft überhaupt, der bereits seit 1779 mit Wedgwood zusammenarbeitete.

Wedgwood an der Zeitenwende

Lange hielt Josiah nach dem Tod Bentleys nach Partnern Ausschau. Erst 1790 entschloß er sich nach vorsichtigen Überlegungen für seine eigenen Söhne und seinen Neffen. Fortan firmierte man unter dem Namen „Wedgwood, Sons & Byerley“.

Mit Ausbruch und Verlauf der Französischen Revolution änderten sich die politischen und wirtschaftlichen Systeme in Europa grundsätzlich. Josiah Wedgwood erwies sich als Vorreiter bürgerlicher Emanzipation und industrieller Produktion. Auf die Frage, wie er sich zur Revolution stellen würde, antwortete er in für ihn typischer Tiefsinnigkeit: „Ich sollte meine Taten für mich sprechen lassen.“

Sein ruheloses Unternehmerleben fand nach kurzer Krankheit am 2. Januar 1795 ein plötzliches Ende. Etruria hatte zu jener Zeit soviele Beschäftigte wie um 1730 an Einwohnern in der Region insgesamt gezählt wurden. Erasmus Darwin äußerte sich über Wedgwoods Bedeutung: „Es ist ein Verlust sowohl für die Öffentlichkeit als auch für die Familie.“

Die drei Söhne führten von nun an die Firma weiter. Josiah Wedgwood jr. erwies sich als würdigster Nachfolger des Vaters. Sein jüngerer Bruder Tom hatte ebenfalls etwas von der Experimentierfreudigkeit geerbt und ist heute als Pionier der Fotografie bekannt.

Unter Fortbestand der traditionellen Wedgwood-Waren wurde ab 1812 die Produktion des Knochenporzellans Fine Bone China mit größtem Erfolg aufgenommen.

Anläßlich des 200. Todestages von Josiah Wedgwood veranstalten die Staatlichen Schlösser und Gärten Wörlitz, Oranienbaum und Luisium 1995 eine repräsentative Ausstellung in Wörlitz. Sie wurde in enger Zusammenarbeit mit dem Wedgwood Museum in Barlaston/Staffordshire realisiert und durch die Firma Wedgwood &. Sons Ltd. gefördert.

Nie zuvor wurde in Deutschland der Pionier der englischen Keramikindustrie in dieser Form gewürdigt. Kein anderer Ort wäre besser geeignet gewesen. Heute befinden sich in der Wörlitzer Sammlung von dem damals wesentlich umfangreicheren Bestand noch 105 Einzelstücke; vertreten sind alle Keramikarten, die in der ersten Phase der Fabrik erfunden und produziert wurden. Nicht nur die hohe Anzahl von Stücken aus der Frühzeit der Manufaktur, sondern vor allem deren Präsentation im unverfälschten Ambiente der Zeit, des deutlich englisch beeinflußten Klassizismus machen den Reiz der Sammlung aus. Sie zählt zu den bedeutendsten im deutschsprachigen Raum und fand bis dahin kaum Beachtung.

Erstmals konnte die Wörlitzer Wedgwood-Sammlung wissenschaftlich bearbeitet und zusammenhängend präsentiert werden. Ziel der Ausstellung war es vornehmlich, die Geschichte der Sammlung in einem passenden Umfeld zu präsentieren, d. h. die Exponate an ihren angestammten Plätzen als Kaminaufsätze, sogenannte „chimney pieces", zu belassen und darüberhinaus, die bisher deponierten Stücke (z. B. aus der Villa Hamilton, Felseninsel Stein) seit langer Zeit wieder einmal geschlossen der Öffentlichkeit zu präsentieren.

Bedeutende Leihgaben aus anderen Museen ergänzten die Ausstellung, wobei die Wahl auf diejenigen Residenzen fiel, mit denen Fürst Franz von Anhalt-Dessau im besonders engen Kontakt stand, wie zum Beispiel Dresden, Fulda, Gotha, Potsdam und Weimar, aber auch Nieborow bei Warschau und Sankt Petersburg.

Glossar

Black Basaltes

Feinkörniges, unglasiertes Steinzeug (Brenntemperatur ca. 1250 °C), weiterentwickelt aus dem sog. Egyptian Black der Region von Staffordshire, vollständig gefärbt mit Manganoxid, läßt sich polieren, vergolden und mit Emailfarben bemalen. Von Josiah Wedgwood etwa 1766 erfunden, seither ununterbrochen in Produktion.

Cream Ware

Feinkörniges, bleiglasiertes Steingut (Brenntemperatur ca. 1100 °C), cremefarbener Scherben durch die Verwendung spezieller Tone.

Durch die Verleihung des Titel „Potter to Her Majesty" an Wedgwood wurde dafür der Name „Queen's Ware" gebraucht. Durch geringfügige Beimengung von Kobaltoxid in der Glasur entsteht die leicht bläulich schimmernde „Pearl Ware". Von Josiah Wedgwood etwa 1762 erfunden, seither ununterbrochen in Produktion.

Etruria

Von Josiah Wedgwood 1769 gegründeter Werks- und Wohnsitz in Burslem/Stoke-on-Trent, später auch Arbeitersiedlung. Der Name ist von den im 18. Jahrhundert entdeckten Gräbern in der Umgebung von Neapel abgeleitet, die man vorerst für „etruskisch" hielt. Später stellte sich heraus, daß die Gräber griechischen Ursprungs waren.

„Etruskisch" hatte im 18. Jahrhundert den Ruf eines Garanten des antiken Stils. Wedgwood bezeichnete daher seine bemalten Black Basaltes-Gefäße mit „Etruscan painted".

Fine Bone China

Spezielle Art des Porzellans unter Verwendung von Knochenasche (Bone). Von Josiah Wedgwood jr. 1812 entwickelte Keramik, die an die Erfolge seines Vaters anknüpfte, seitdem in Produktion.

Jasper Ware

Sehr feinkörniges, weißes, glasartig verschmolzenes Steinzeug, Mischung aus 1 Teil Feuersteinmehl, 3 Teile Ton , 1/4 Teil gebrannter und gewaschener Alabaster, 6 Teile Barytmehl. Durch unterschiedliche Metalloxide werden viele Farbtöne erreicht, die häufigsten sind: blau in allen Varianten, grün, lila, gelb, braun, braun, grau und schwarz. Von Josiah Wedgwood etwa 1774 erfunden, seither ununterbrochen in Produktion.

Portland-Vase

Legendäres, antikes Kunstobjekt, vermutlich um 25 v. Chr. entstanden, das Original heute im Britischen Museum, London. Dunkelblaues Glasgefäß mit weißem Glasüberfang, durch aufwendige Schneide- und Schleiftechnik ein weißes Relief vor blauem Hintergrund herausgearbeitet. Wedgwood fertigte von 1786 bis 1789 davon eine perfekte Kopie in Jasper Ware an. Die stilisierte Portland-Vase ist seit 1878 Markenzeichen der Firma Wedgwood auf Fine Bone China und heute Firmensignet.

Auswahlbibliographie

Hofmann, Werner (Hrsg.): John Flaxman, Mythologie und Industrie. München: Prestel 1979.

Mankowitz, Wolf: Wedgwood.-London: 1953[1], 1966[2], 1980[3].

Meteyard, Eliza: The Life of Josiah Wedgwood from his private correspondence and family papers. 2 vols., London, 1865.

Meteyard, Eliza: The Wedgwood Handbook: A Manual For Collectors, Treating of the Marks, Monograms, and other Tests of the old Period of Manufacture. -Peckshill, New York: reprinted by Timothy Trace, 1963.

Reilly, Robin: The Collector's Wedgwood, New York: Portfolio Press, 1971.

Reilly, Robin und Savage, George: The Dictionary of Wedgwood.-Woodbridge: Antique Collectors Club, 1980.

Reilly, Robin: Wedgwood.-2 vols. London, 1989.

Reilly, Robin: Wedgwood Jasper.-London: Thames and Hudson, 1994.

Wedgwood: 1795 - 1995; Englische Keramik in Wörlitz (Ausstellungskatalog), (Hrsg.): Thomas Weiss. Mit Beiträgen von Uwe Quilitzsch u.a., Leipzig: Seemann, 1995.

Young, Hilary (Hrsg.): The Genius of Wedgwood.-London: Victoria & Albert Museum, 1995.

Biographie von Josiah Wedgwood

1730, 12. Juli	Taufe von Josiah Wedgwood als Kind von Thomas u. Mary Wedgwood in Burslem/ Staffordshire
1730	Geburt von Thomas Bentley
1734	Geburt von Sarah Wedgwood, spätere Gattin Josiah Wedgwoods
1738	Entdeckung Herculaneums
1744-1749	Töpferlehre Josiahs bei seinem Bruder Thomas
1748	Entdeckung Pompejis
1754-1759	Partnerschaft Wedgwoods mit Thomas Whieldon
1759-1764	Wedgwood arbeitet in seiner ersten eigenen Werkstatt „Ivy House Works"
1761	Entwicklung des Cream Ware-Scherbens
1761	Beginn der Zusammenarbeit mit der Liverpooler Firma Sadler & Green, die für Wedgwood Umdruckdekore anfertigt
1762	Erstes Treffen mit Thomas Bentley
1763	Einführung einer Exzenter-Drehmaschine zur Dekoration von Gefäßen
1764	Josiah Wedgwood heiratet seine Cousine Sarah
1766	Titel „Potter to Her Majesty"
1768	Entwicklung der Black Basaltes Ware
1769, 13. Juni	Gründung der Fabrik und Werkssiedlung „Etruria" Beginn der Partnerschaft Wedgwood & Bentley
1770	Entwicklung der Cane Ware Lieferung des „Husk Services" an Zarin Katharina II. von Rußland
1772	Erste Warenlieferung Wedgwoods an Fürst Leopold III. Friedrich Franz von Anhalt-Dessau
1774	Entwicklung der Jasper Ware Lieferung des „Frosch Services" an Katharina II. von Rußland
1775	John Flaxmann jr. arbeitet für Wedgwood
1778	Erstes „Pegasus-Relief" von John Flaxman
1780	Tod Thomas Bentleys
1781	Erste Jasper Ware-Vasen
1782	Erfindung des Pyrometers
1783	Mitglied der Royal Society
1786	Erste „Pegasus-Vase"
1787	Anti-Sklaverei-Medaillon
1789	Medaillon auf die Französische Revolution
1789	Kopie der Portland-Vase
1795, 3. Januar	Tod Josiah Wedgwoods in Etruria

Unser Dank gilt der Firma Wedgwood und der Kulturstiftung Dessau-Wörlitz,
die durch ihre Unterstützung die hochwertige Qualität des Buches ermöglicht haben.
Ganz besonders herzlich bedankt sich der Autor für die Unterstützung durch das Wedgwood
Museum, speziell bei Gaye Blake Roberts, Trustees of Wedgwood Museum, Barlaston.

ABBILDUNGSNACHWEIS:
Anhaltische Gemäldegalerie, Dessau: 38
Bildarchiv der Kulturstiftung Dessau-Wörlitz: 35, 43
Hans-Dieter Kluge, Espenhain: Titel, 15, 16, 20, 22, 30, 31, 42, 44, 47, 48-53, 60, 65, 75
Peter Kühn, Dessau: 74 (re)
Lady Lever Gallery, Port Sunlight: 46 (re)
Landesarchiv Oranienbaum, Oranienbaum: 75 (re)
Musée de Louvre, Paris: 45 (re), 46 (li)
Uwe Quilitzsch, Dessau: Rücktitel, 27, 45, (li), 47 (re), 74 (li)
Staatliche Museen und Parkanlagen Peterhof, Sankt Petersburg: 24
Trustees of the Wedgwood Museum Barlaston: Vorsatz, 23, 26, 29, 61, 62
Wedgwood, Eschborn: 18, 19, 66, 67, 70, 71
Marie-Luise Werwick, Dessau: 4 (Schloß Wörlitz, Schlafzimmer des Fürsten, Kaminwand),
10-12, 14, 21, 28, 36, 37, 55, 57, 61, 72

Die Deutsche Bibliothek – CIP Einheitsaufnahme
Wedgwood: Klassizistische Keramik in den Gärten der Aufklärung/Uwe Quilitzsch
(Geleitwort: Thomas Weiss) – 1. Aufl. – Hamburg: L&H VERLAG, 1997
ISBN 3-928119-28-1

L&H VERLAG GmbH, Baumwall 5, D-20459 Hamburg
Telefon 040/36 97 72 45, Fax 36 97 72 60

Druck: C.H. Wäser, Bad Segeberg
Litho: Repro im Centrum, Hamburg

74

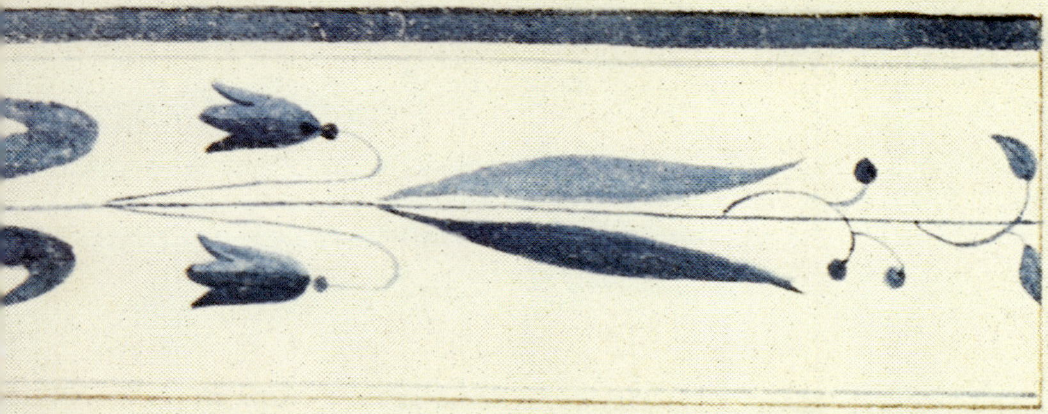

75

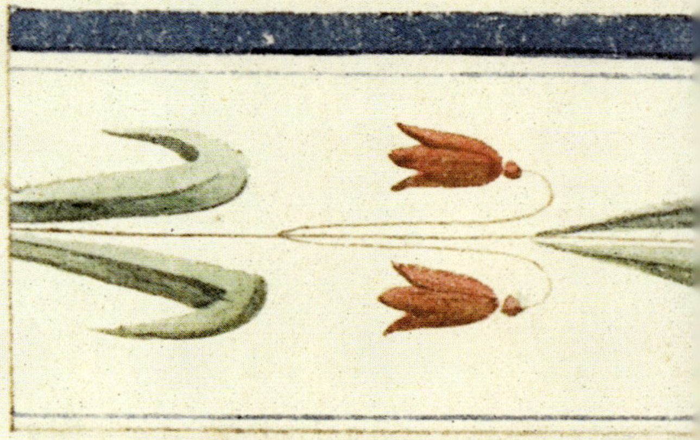

77

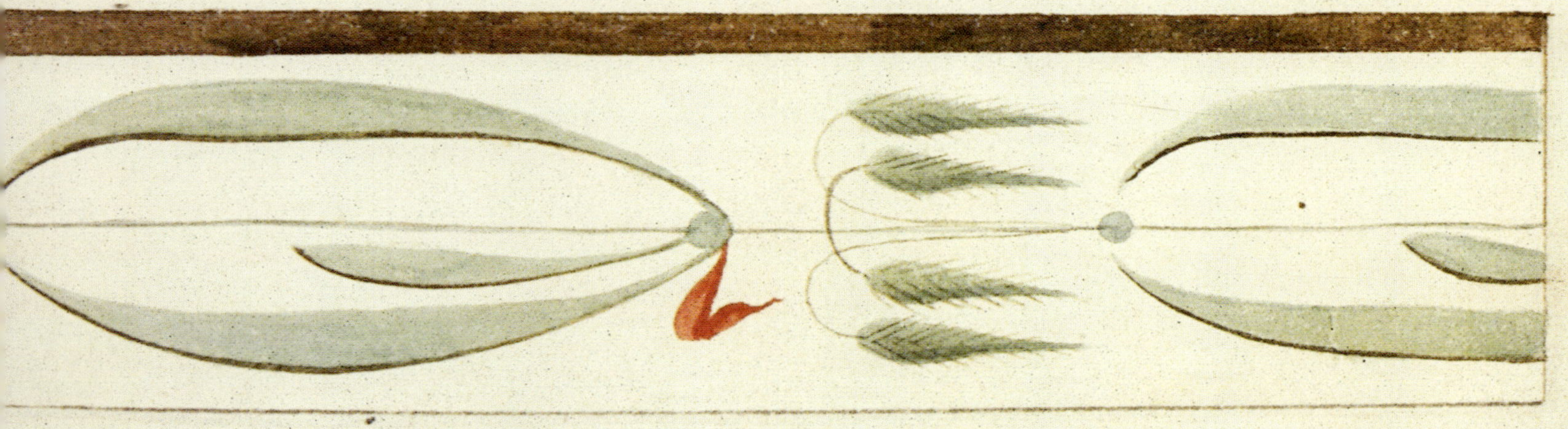

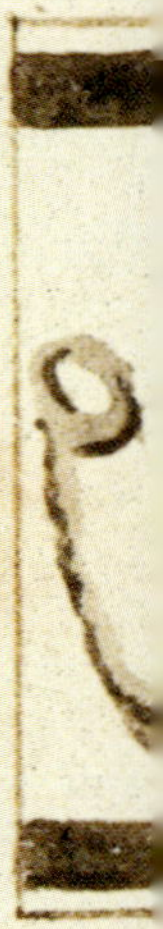

79

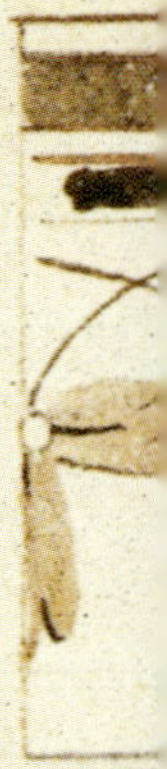

82

83